Duden

Einfach klasse in

Französisch

Wissen • Üben • Testen

3./4. Lernjahr

2., neu bearbeitete und erweiterte Auflage

Dudenverlag
Mannheim • Zürich

Bibliografische Information der Deutschen Nationalbibliothek
Die Deutsche Nationalbibliothek verzeichnet diese Publikation in der Deutschen Nationalbibliografie; detaillierte bibliografische Daten sind im Internet über http://dnb.ddb.de abrufbar.

 D C B A
Bibliographisches Institut GmbH
Dudenstraße 6, 68167 Mannheim

Redaktionelle Leitung Anika Donner
Redaktion Elke Spitznagel
Autorin Ulrike Jahn-Sauner
Sprecher Jean Faure, Chantal Schlicht-Mossaz

Herstellung Annette Scheerer
Layout Horst Bachmann
Illustration Carmen Strzelecki
Umschlaggestaltung WohlgemuthPartners, Bremen
Umschlagabbildung Fotolia / Deanm1974

Satz Katrin Kleinschrot, Stuttgart
Druck und Bindung Offizin Andersen Nexö Leipzig GmbH
Spenglerallee 26–30, 04442 Zwenkau
Printed in Germany

ISBN 978-3-411-72822-0

Inhaltsverzeichnis

1 Verben

2 Zeiten

3 Konditional

4 Subjonctif

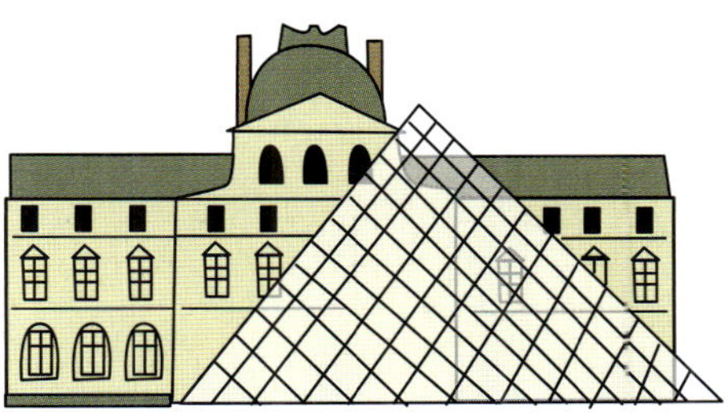

INHALT

Verben

1.1 Regelmäßige Verben

Die meisten französischen Verben gehören zu der **Verbgruppe auf *-er* (*parler*)**. Im Präsens lauten die Endungen:

Singular		**Plural**	
je	*parl-e*	*nous*	*parl-**ons***
tu	*parl-es*	*vous*	*parl-**ez***
il / elle / on	*parl-e*	*ils / elles*	*parl-**ent***

Je parl**e** l'italien.
Tu aim**es** visiter des musées.
Elle regard**e** toujours la télé.
Nous chant**ons** une chanson en anglais.
Vous visit**ez** le Louvre?
Ils appell**ent** leur fils.

Einige Verben auf *-er* haben **Besonderheiten** in der Schreibung der **stammbetonten** Formen:

■ ***appeler:*** *j'appelle, tu appelles, il / elle / on appelle, ils / elles appellent*
Ebenso: *épeler*
■ ***acheter:*** *j'achète, tu achètes, il / elle / on achète, ils / elles achètent*
Ebenso: *peser, lever, (se) promener, amener, peler, enlever*
■ ***préférer:*** *je préfère, tu préfères, il / elle / on préfère, ils / elles préfèrent*
Ebenso: *exagérer, interpréter, répéter, protéger*
■ ***payer:*** *je paie, tu paies, il / elle / on paie, ils / elles paient*
Ebenso: *envoyer, essayer, nettoyer, employer, (s') ennuyer*

Comment est-ce que vous vous appel**e**z? – Je m'appe**ll**e Christine Durand.
Épe**ll**e le mot «le baccalauréat».
Elle ach**è**te des fraises au marché.
Vous p**e**sez les pommes de terre? – Oui, je les p**è**se. – Le matin, je me l**è**ve tôt. – Il prom**è**ne son chien.
Qu'est-ce que vous préf**é**rez, une glace ou un fruit? – Je préf**è**re un fruit. – 5 kilos de salade? Tu exag**è**res vraiment. – Je ne comprends pas, rép**è**te la phrase.
Nous pa**y**ons des taxes. – Je pa**i**e deux cafés. – Elle essa**i**e de faire du ski. – Ils netto**i**ent le tableau.

Wenige Verben auf *-er* haben **Besonderheiten** in der Schreibung der **1. Person Plural** wegen der **Aussprache:**

■ ***manger:*** *nous mangeons*
Ebenso: *bouger, changer, déranger, échanger, nager, ranger, partager, protéger etc.*
■ ***commencer:*** *nous commençons*
Ebenso: *lancer, renoncer* etc.

Beachte auch die von der 1. Person Plural abgeleiteten Zeiten und Formen: *imparfait, gérondif* und *participe présent* (↑ Kap. 2.1 und Kap. 7.4).

eingeschobenes e:
Nous ne boug**e**ons plus. – Nous chang**e**ons d'appartement. – Nous vous dérang**e**ons? – Nous protég**e**ons la nature. – Je rang**e**ais la chambre. – En partag**e**ant notre argent, nous pouvons bien vivre.

cédille:
Nous commen**ç**ons les devoirs. – Nous lan**ç**ons le ballon. – Elle y renon**ç**ait. – Ils commen**ç**aient à lire. – Regarde ce joueur de foot lan**ç**ant le ballon très vite.

Die Endungen der **Verben auf** ***-dre (attendre)*** lauten im Präsens:

Singular		Plural	
j'	*attend-**s***	*nous*	*attend-**ons***
tu	*attend-**s***	*vous*	*attend-**ez***
il / elle / on	*attend*	*ils / elles*	*attend-**ent***

J'entend**s** un bruit.
Tu attend**s** tes amis?
L'homme dépend des autres hommes.
Nous perd**ons** la tête.
Vous répond**ez** à ma question?
Ils perd**ent** toujours quelque chose.

Die **regelmäßigen Verben auf** ***-ir*** werden in zwei Gruppen eingeteilt:

- Typ ***dormir*** (ohne Stammerweiterung), der Schlusskonsonant entfällt im Singular:

Singular		Plural	
je	*dor-**s***	*nous*	*dorm-**ons***
tu	*dor-**s***	*vous*	*dorm-**ez***
il / elle / on	*dor-**t***	*ils / elles*	*dorm-**ent***

Ebenso: *partir, servir, (se) sentir, sortir*

Je te ser**s** un apéritif?
Tu dor**s** déjà?
Ce gâteau sen**t** très bon.
Nous part**ons** en vacances.
Vous vous sent**ez** bien?
Elles sort**ent** tous les soirs.

- Typ ***finir*** mit **Stammerweiterung** ***-ss-*** im Plural:

Singular		Plural	
je	*fini-**s***	*nous*	*fini-**ss-ons***
tu	*fini-**s***	*vous*	*fini-**ss-ez***
il / elle / on	*fini-**t***	*ils / elles*	*fini-**ss-ent***

Ebenso: *agir, applaudir, choisir, réagir, envahir* etc.

Je fini**s** le livre.
Tu réagi**s** à cette action.
Il fini**t** ses devoirs.
Nous l'applaudi**ssons**.
Vous choisi**ssez** le menu à 100 euros?
Les profs fini**ssent** leurs cours.

Merke: Das Verb ***ouvrir*** wird wie die **Verben auf** ***-er*** konjugiert (↑ Tabelle S. 12); ebenso: *couvrir, découvrir, offrir, souffrir.*

J'**ouvre** la bouteille.
La neige **couvre** la montagne.
Luc leur **offre** un café.

Reflexive Verben *(verbes pronominaux)* bestehen aus einem **Reflexivpronomen** *(pronom refléchi)* und einem **Verb.** Beginnt das Verb mit **Vokal** oder stummem ***h,*** so werden die Reflexivpronomen ***me, te, se*** **apostrophiert.**

je **me** lave	nous **nous** lav**ons**
tu **te** lave**s**	vous **vous** lav**ez**
il / elle **se** lave	ils / elles **se** lav**ent**

Elle **s'**amuse. – Je **m'**appelle Annie. – Tu **t'**appelles comment?

- Bei der **Verneinung** und beim **Imperativ** gelten die gleichen Stellungsregeln wie für die **Objektpronomen** (↑ Kap. 5.1).

Sabine **ne se dépêche pas** souvent.
Ils **ne** veulent **pas se promener**.
Nous **n'**allons **pas nous lever** tôt.
Lave-toi.
Ne te lève pas trop tôt.

- Alle reflexiven Verben bilden das ***passé composé*** **mit** ***être*** (↑ Kap. 2.2).

Marie et sa sœur **se sont disputées**.
Le livre de maths **s'est trouvé** dans le sac.

ÜBUNG 1 In dem Buchstabenbaguette sind vierzehn Verbformen versteckt. Ergänze das Personalpronomen und schreibe die Formen sowie den Infinitiv in dein Übungsheft. In einem Fall musst du auch das Reflexivpronomen ergänzen.

ÜBUNG 2 Höre dir Track 1 auf der CD an und notiere zunächst die Infinitive in der linken Spalte. Bilde anschließend die gefragten Formen im Präsens.

1

1.		: nous		il	
2.		: tu		vous	
3.		: nous		ils	
4.		: elles		je	
5.		: tu		elle	
6.		: je		nous	

ÜBUNG 3 Formenstaffel: Bilde die richtige Form. Verändere dazu, wie angegeben, entweder die Person oder den Numerus. Am Ende muss die gleiche Form wie am Anfang stehen.

lever (1. Pers. Sg.) je lève → (3. Pers.) ______ → (Pl.) ______ → (1. Pers.) ______ → (2. Pers.) ______ → (Sg.) ______ → (1. Pers.) ______

perdre (3. Pers. Sg.) ______ → (Pl.) ______ → (2. Pers.) ______ → (1. Pers.) ______ → (Sg.) ______ → (2. Pers.) ______ → (3. Pers.) ______

finir (1. Pers. Pl.) ______ → (3. Pers.) ______ → (2. Pers.) ______ → (Sg.) ______ → (3. Pers.) ______ → (1. Pers.) ______ → (Pl.) ______

ÜBEN

ÜBUNG 4 **Welche Form liegt auf der anderen Seite des Würfels? Vertausche Singular und Plural. Schreibe in dein Übungsheft.**

1.
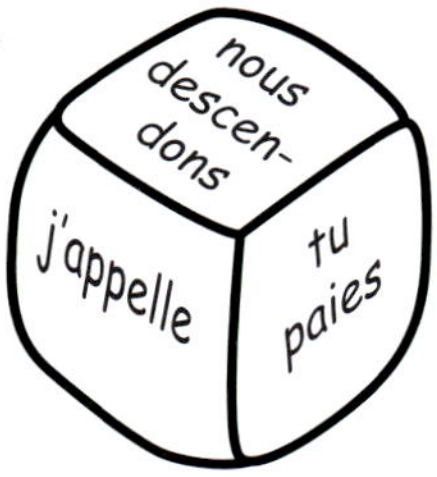

2.
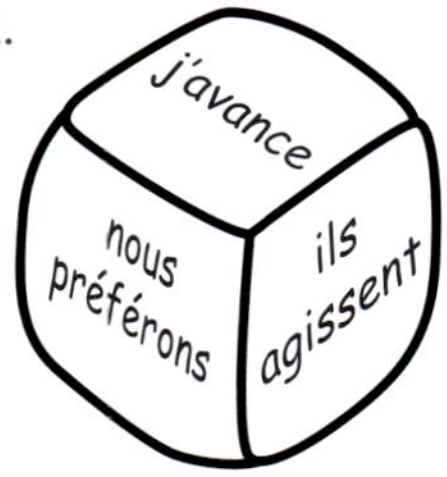

3.
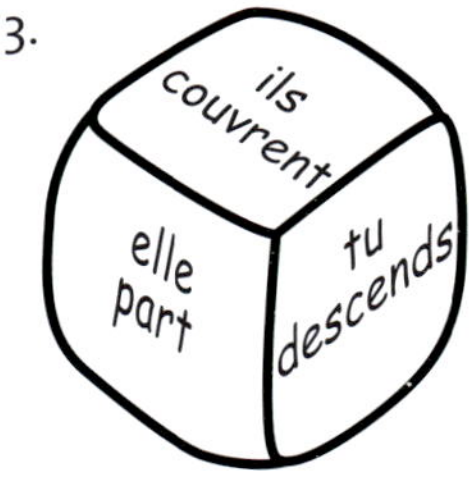

ÜBUNG 5 **Übersetze die Verbformen. Die markierten Buchstaben ergeben als Lösungswort den Namen von Paris zur Zeit von Asterix und Obelix.**

1. sie buchstabieren: ils / elles ___
2. er öffnet: il ___
3. wir gehen weg: nous ___
4. ich fühle: je ___
5. sie schläft: elle ___
6. du zahlst: tu ___
7. wir schwimmen: nous ___

Lösung: ___

ÜBUNG 6 **Setze die Verben in der passenden Form in den Text ein.**

Ce matin, Christine ___ (se lever) très tôt parce que c'est le marché aujourd'hui. Elle ___ (appeler): «Luc, est-ce que tu ___ (dormir) encore?» Luc: «Moi, je ___ (préférer) rester au lit, et toi, tu ___ (ranger) la maison et tu ___ (nettoyer) la cuisine. Après, je ___ (se promener) un peu, et toi, tu ___ (acheter) des fruits au marché.» – Christine: «Non, d'abord, nous ___ (ranger) ensemble, puis nous ___ (choisir) les fruits au marché et nous ___ (se promener). ___ (commencer, *Imperativ 1. Pers. Pl.*).» Au marché, ils ___ (découvrir) des fruits très frais. Le commerçant les ___ (servir): «Qu'est-ce que je vous ___ (offrir)?» – Christine ___ (répondre): «Je voudrais trois kilos de bananes.» Luc ___ (réagir) tout de suite: «Mais tu ___ (exagérer), c'est trop!» Christine: «D'accord, j' ___ (acheter) un kilo de bananes.» Le commerçant ___ (peser) les bananes.

ÜBUNG 7 Achtung: Eindringling! Suche alle falschen Verbformen und schreibe sie korrigiert in dein Übungsheft.

ACHTUNG FEHLER

je dormis – nous servons – elle ouvre – tu sentes – vous répondez – nous mangons – vous paiez – il perde – nous agissons – elle répéte – j'offre – tu perdes – vous lancez – nous pèsons

WISSEN

Manche Präsensformen musst du dir ganz besonders merken, da sie zur **Ableitung anderer Verbformen** verwendet werden:

- **Infinitiv:** *futur simple* (↑ Kap. 2.4) und *participe passé* (↑ Kap. 2.2) — finir → je finirai; parler → parlé
- **1. Person Singular:** Imperativ Sg. — je regarde → regarde
- **1. Person Plural:** Imperativ 1. Pers. Pl., *imparfait* (↑ Kap. 2.1) und *participe présent / gérondif* (↑ Kap. 7.4) — nous sortons → sortons; nous finissons → nous finissions; nous dormons → (en) dormant

ÜBUNG 8 Finde die Schlüsselformen zu den folgenden Verben.

	Infinitiv	1. Pers. Sg. Präsens	1. Pers. Pl. Präsens
il répète			
tu agis			
ils essaient			
vous protégez			
elles dorment			

ÜBUNG 9 Übersetze die folgenden Sätze und schreibe sie in dein Übungsheft.

Wir bieten Paul einen Kaffee an, doch müssen wir zuerst eine Tasse reinigen.
Ich buchstabiere das Wort „Hund". Buchstabiert bitte „wir wählen aus"!
Wiederholt den Satz: „Wir werfen den Ball."
Er führt lieber seinen Hund spazieren, während wir lieber schlafen.
Wir ziehen nach Valence um *(déménager)*. Unser Vater kauft dort eine Wohnung.

1.2 Unregelmäßige Verben

Im Französischen gibt es viele unregelmäßige Verben. Auf den folgenden Seiten findest du eine Zusammenstellung der wichtigsten dieser Verben.

Qu'est-ce que vous **faites?**
Nous **buvons** du café et du thé.
Mon frère **conduit** bien.

Verben, bei denen fast alle Formen unregelmäßig sind

Merke dir besonders die Formen der folgenden Verben:
- **Hilfsverben *avoir, être*** und ***aller,*** mit denen du die ***zusammengesetzten Zeiten*** bildest (↑ Kap. 2.2 und Kap. 2.4).
- **Modalverben *devoir, pouvoir, savoir*** und ***vouloir,*** nach denen ein **Infinitiv** steht (↑ Kap. 7.2).

Nous **avons dansé** à la fête.
Elle **est allée** voir sa tante à Dijon.
Demain, nous **allons faire** un voyage.
Tu **dois** m'attendre à la gare.
Vous **pouvez** nous aider?
Paul **veut** regarder la télé chaque soir.

Es gibt eine Reihe von Verben, die auf *-re* enden, jedoch ganz unterschiedlich konjugiert werden:
boire (trinken), *croire* (glauben), *interrompre* (unterbrechen), *naître* (geboren werden), *plaire* (gefallen), *suffire* (genügen), *suivre* (folgen) etc.

Elle **boit** un café, nous **buvons** du thé. – Vous me **croyez?** – Oui, je vous **crois.** – Vous **interrompez** le concert? – Oui, je l'**interromps.** – Le bébé **naît** à Toulon. Tu y **es né** aussi? – S'il te **plaît,** aide-moi. – Les tableaux te **plaisent.** – Cela **suffit!** – Les bananes te **suffisent?** – Vous me **suivez?** – Je vous **suis** bien sûr!

Verben mit gewissen Regelmäßigkeiten

Manche Verben werden ähnlich konjugiert (↑ nächste Seite), z. B:
- ***mettre*** und ***battre,***
- ***tenir*** und ***venir,***
- ***conduire*** und ***construire,***
- ***craindre*** (fürchten), ***se plaindre*** (sich beklagen) und ***peindre*** (malen).

Vous **mettez** la table? – Oui, je la **mets.**
Paul **bat** Pierre. – Ils se **battent** toujours.
Vous **venez** me voir? – Non, je ne **viens** pas. – Nous **tenons** notre parole (Wort halten). – Il ne la **tient** jamais.
Elle **conduit** bien mais ses parents **conduisent** mal. – Il **construit** une maison. – Ses amis **construisent** une villa.
Ils **craignent** la nuit. – Tu la **crains** aussi? – Ils **se plaignent** toujours. – Je ne **me plains** pas. – Vous **peignez** un tableau.

Infinitiv; ebenso	**Präsens** Singular	 Plural	**passé composé;** Imperativ
accueillir (empfangen)	j'accueille il accueille	nous accueillons ils accueillent	j'ai accueilli
aller (gehen); s'en aller	je vais tu vas il va	nous allons vous allez ils vont	je suis allé(e); va
s'asseoir (sich setzen)	je m'assois / assieds il s'assoit / assied	nous nous asseyons / assoyons ils s'assoient / asseyent	je me suis assis(e); assieds-toi
avoir (haben)	j'ai tu as il a	nous avons vous avez ils ont	j'ai eu; aie / ayons / ayez
battre (schlagen); abattre	je bats il bat	nous battons ils battent	j'ai battu
boire (trinken)	je bois il boit	nous buvons ils boivent	j'ai bu
conduire (fahren); construire; traduire	je conduis il conduit	nous conduisons ils conduisent	j'ai conduit
connaître (kennen); (ap)paraître, naître	je connais il connaît	nous connaissons ils connaissent	j'ai connu j'ai paru, je suis né(e)
craindre (fürchten); se plaindre	je crains il craint	nous craignons ils craignent	j'ai craint
croire (glauben)	je crois il croit	nous croyons ils croient	j'ai cru
devoir (müssen)	je dois il doit	nous devons ils doivent	j'ai dû
dire (sagen)	je dis tu dis il dit	nous disons vous dites ils disent	j'ai dit
écrire (schreiben); décrire	j'écris il écrit	nous écrivons ils écrivent	j'ai écrit
envoyer (schicken)	j'envoie il envoie	nous envoyons ils envoient	j'ai envoyé
être (sein)	je suis tu es il est	nous sommes vous êtes ils sont	j'ai été; sois / soyons / soyez
faire (machen)	je fais tu fais il fait	nous faisons vous faites ils font	j'ai fait
falloir (müssen); valoir	il faut		il a fallu
fuir (fliehen, meiden); s'enfuir	je fuis il fuit	nous fuyons ils fuient	j'ai fui je me suis enfui(e)
interrompre (unterbrechen)	j'interromps il interrompt	nous interrompons ils interrompent	j'ai interrompu

Infinitiv; ebenso	Präsens Singular	Plural	passé composé; Imperativ
lire (lesen)	je lis il lit	nous lisons ils lisent	j'ai lu
mettre (setzen, legen); promettre, permettre	je mets il met	nous mettons ils mettent	j'ai mis
mourir (sterben)	je meurs il meurt	nous mourons ils meurent	je suis mort(e)
offrir (anbieten); ouvrir, (dé)couvrir, souffrir	j'offre tu offres il offre	nous offrons vous offrez ils offrent	j'ai offert
plaire (gefallen)	je plais il plaît	nous plaisons ils plaisent	j'ai plu
pleuvoir (regnen)	il pleut		il a plu
pouvoir (können)	je peux il peut	nous pouvons ils peuvent	j'ai pu
prendre (nehmen); apprendre	je prends il prend	nous prenons ils prennent	j'ai pris
recevoir (empfangen); s'apercevoir, décevoir	je reçois il reçoit	nous recevons ils reçoivent	j'ai reçu
rire (lachen); sourire	je ris il rit	nous rions ils rient	j'ai ri
savoir (wissen)	je sais il sait	nous savons ils savent	j'ai su; sache / sachons / sachez
suffire (genügen)	je suffis il suffit	nous suffisons ils suffisent	j'ai suffi
suivre (folgen)	je suis il suit	nous suivons ils suivent	j'ai suivi
se taire (schweigen)	je me tais il se tait	nous nous taisons ils se taisent	je me suis tu(e)
tenir	je tiens il tient	nous tenons ils tiennent	j'ai tenu
vaincre (siegen); convaincre	je vaincs il vainc	nous vainquons ils vainquent	j'ai vaincu
venir (kommen); devenir, revenir, se souvenir de	je viens il vient	nous venons ils viennent	je suis venu(e)
vivre (leben); survivre	je vis il vit	nous vivons ils vivent	j'ai vécu
voir (sehen); revoir	je vois il voit	nous voyons ils voient	j'ai vu
vouloir (wollen)	je veux il veut	nous voulons ils veulent	j'ai voulu; veuille / veuillons / veuillez

ÜBUNG 10 Übersetze die Verbformen und nenne den Infinitiv. Du findest die richtigen Verbformen, wenn du die Schnipsel zusammensetzt. Zwei Formen bleiben am Schluss übrig.

vons | sons | nt | vent | vent | vien | vou | a | na
cro | pla | craig | peu | nent | bo | lez | con
doi | tie | strui | nons | yons | ît | ît | it

1. wir haben:
2. er trinkt:
3. wir glauben:
4. er gefällt:
5. sie wird geboren:
6. sie können:
7. sie müssen:
8. sie hält:
9. wir fürchten:
10. wir bauen:

Übrig bleiben:

ÜBUNG 11 Ergänze die fehlenden Verbformen.

recevoir	je	s'apercevoir	nous
conduire	elle	rire	il
suivre	je	fuir	vous
suffire	il	se plaindre	je
plaire	elles	courir	tu
naître	ils	interrompre	vous
mourir	elle	être	je

WISSEN

Doppelgänger: ***je suis***
Die Verben *être* und *suivre* lauten in der 1. Pers. Sg. Präsens gleich!

Je **suis** petit. – Ich bin klein.
Je **suis** mon père. – Ich folge meinem Vater.

ÜBUNG 12 **Buchstabensalat: Finde sechs unregelmäßige Imperative und schreibe den Infinitiv dazu (↑ Tabelle S. 11 f.).**

1. CEHSA
2. ZYEA
3. IAE
4. AV
5. UOVS-YZEESAS
6. OTI-DESSSAI

ÜBUNG 13 **Verbslalom: Ergänze die fehlenden Präsensformen.**

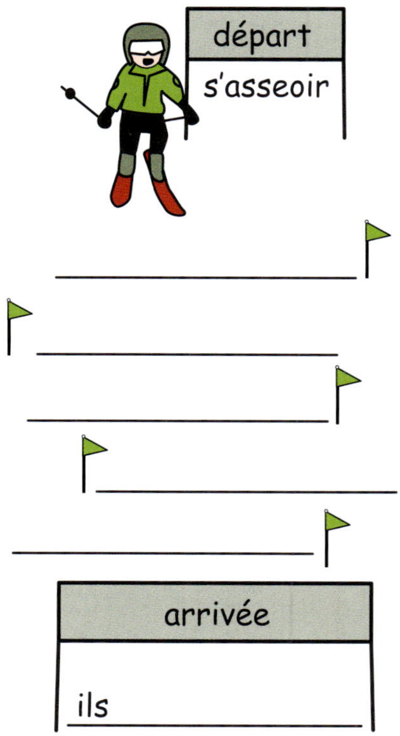

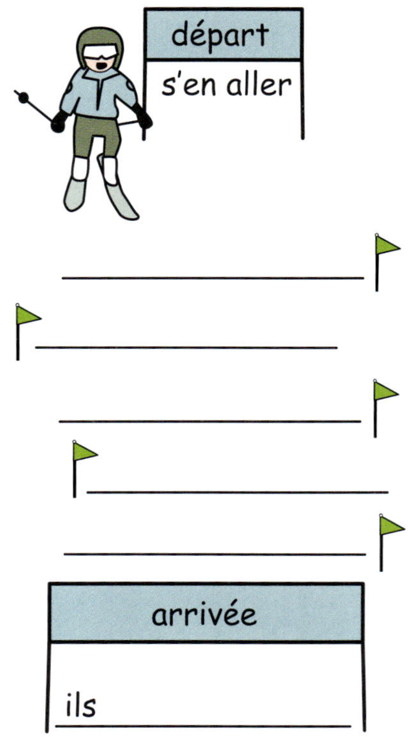

ÜBUNG 14 **In jeder Reihe steckt ein „Störenfried“: Streiche ihn durch und schreibe die korrigierte Form in dein Übungsheft.**

ACHTUNG FEHLER

1. ils deviennent – elle sait – il vie
2. tu suis – tu es – tu saies
3. vous disez – vous faites – elle rit
4. vous accueillez – elle recevoit – il connaît
5. ils batte – elle met – ils traduisent
6. ils font – ils ont – ils allent – ils sont
7. nous croions – il craint – il voit
8. nous comprendons – il prend
9. ils se souviennent – vous tienez
10. nous construisons – tu conduises

ÜBUNG 15 **Bilde zu den folgenden Infinitiven das *participe passé*.**

1. naître: _____
2. croire: _____
3. connaître: _____
4. fuir: _____
5. craindre: _____
6. mourir: _____
7. voir: _____
8. vivre: _____
9. interrompre: _____
10. suivre: _____

ÜBUNG 16 **Höre dir Track 2 auf der CD an. Nenne zu jedem *participe passé* den entsprechenden Infinitiv. Du hörst anschließend die Kontrollformen, sprich sie nach.**

2

ÜBUNG 17 **Setze das Verb in der richtigen Form ein.**

Nous _____ (connaître) nos correspondants anglais depuis longtemps. Chaque semaine, nous _____ (recevoir) des lettres qu'on _____ (traduire) pour nos parents. Ils ne _____ pas (comprendre) l'anglais.

Ce _____ (être) un accident grave: beaucoup de gens _____ (mourir) et peu de personnes _____ (survivre) à cette catastrophe.

Vous _____ (faire) toujours des blagues et des bêtises, les enfants. Ça _____ (suffire)! Votre comportement *(Verhalten)* me _____ (décevoir, *enttäuschen*)!

Marc est terrible! Il _____ (se plaindre) toujours, il _____ (conduire) mal, il nous _____ (battre) et il nous _____ (suivre) toujours, bref *(kurz gesagt)*, il ne nous _____ (plaire) pas du tout!

ÜBUNG 18 **Übersetze die folgenden Sätze und schreibe sie in dein Übungsheft.**

In seinem Buch beschreibt der Autor das Leben seiner Freunde Luc und Paul. Kennt ihr den Bruder von Mathilde? – Nein, wir kennen ihn nicht, aber wir wissen, dass er Arzt wird.
Heute Abend empfangen wir viele Gäste. Gilles kommt auch. Erinnern Sie sich an ihn? – Nein, ich erinnere mich nicht an Gilles.

Klassenarbeit 1

45 Minuten

AUFGABE 1 **Finde die passenden Endungen im Präsens zu den Verben.**

ssons - e - s - e - es - t - ssez - ons - ons - ent - s - ment - es - mons - e

ouvrir:	j'ouvr	tu ouvr	il ouvr
finir:	nous fini	vous fini	il fini
chanter:	je chant	tu chant	nous chant
attendre:	nous attend	tu attend	ils attend
dormir:	je dor	nous dor	elles dor

AUFGABE 2 **Ergänze die fehlenden Verbformen.**

1. tu finis → elle
2. elle découvre → tu
3. il lance → nous
4. je pèse → vous
5. vous réagissez → je
6. il envoie → nous
7. vous entendez → il
8. elle comprend → ils
9. tu bouges → nous
10. ils remplacent → nous
11. je répète → elles
12. nous souffrons → je
13. elles choisissent → tu
14. elle paie → vous
15. vous protégez → elle
16. ils servent → il

AUFGABE 3 **Wie lautet der Infinitiv der folgenden Verben? Schreibe in dein Übungsheft.**

je vois
il va
nous naissons
nous croyons
il vainc
elle bat

tu vis
nous écrivons
il meurt
vous accueillez
ils agissent

elle suit
il suffit
ils se plaignent
il connaît
tu veux

TESTEN

AUFGABE 4 **Welches Verb passt? Setze es in der richtigen Präsensform ein.**

suivre | faire | s'asseoir | lire | s'en aller | interdire

Il nous ______ de regarder la télé.
À cinq heures et demie, je ______ .
Mon chien me ______ toujours quand nous ______ une promenade.
Chaque soir, elle ______ le journal.
Mes grands-parents ______ dans leurs fauteuils.

AUFGABE 5 **Füge die richtige Verbform im Präsens ein.**

Vous ______ (faire) beaucoup de blagues et nous ______ (rire) souvent.
Mes amis ______ (vivre) en France, ma sœur ______ (vivre) en Angleterre et ma mère me ______ (promettre) de rendre visite à ma tante en Suisse.
Quand les Durand ______ (s'en aller), ils ne ______ jamais (sourire).
Mes voisins me ______ (suivre) toujours. On se ______ (revoir) tous les jours. Nous ______ (partager) le jardin à côté de l'immeuble. Nous le ______ (ranger) toujours mais les voisins ______ (promettre) toujours de le faire.
Je ______ (connaître) une femme qui ______ (prévoir) l'avenir.
Aujourd'hui, nous ______ (recevoir) des invités.
Tu ______ (devenir) grand, tu ______ (grandir) chaque jour.

AUFGABE 6 **Übersetze die folgenden Sätze und schreibe sie in dein Übungsheft.**

Meine Freundin lebt seit drei Jahren in Italien, meine Großeltern leben seit einem Jahr in der Provence.
Ihr lauft schnell, ich folge euch nicht mehr. Jetzt setze ich mich hin und warte auf euch.
Siehst du Annick? – Nein, ich sehe Simone. Sie öffnet eine Flasche Wein, da sie ihren Freunden einen Aperitiv anbietet. Annick deckt *(mettre)* vielleicht den Tisch oder putzt die Küche.
Ich verstehe dich nicht. Du lächelst immer. Ich lache selten und fliehe vor den Menschen *(fuir qn)*.

Klassenarbeit 2

45 Minuten

AUFGABE 7 **Übersetze die Verbformen ins Französische.**

1. sie genügen →
2. er fürchtet →
3. wir lachen →
4. ihr gefallt →
5. ich beklage mich →
6. sie kennt →
7. ihr sagt →
8. wir müssen →
9. ihr flieht →
10. ihr fahrt →

AUFGABE 8 **Notiere das *passé composé* der 1. Person Singular bzw. den Infinitiv.**

1. mettre →
2. j'ai bu →
3. tenir →
4. il a vu →
5. avoir →
6. elle a vécu →
7. se taire →
8. tu as vaincu →
9. venir →
10. j'ai lu →

AUFGABE 9 **Ergänze die fehlenden Verbformen.**

infinitif	*présent*	*passé composé*
recevoir	je	vous
	elle vit	ils
	il	elles ont plu
rire	tu	nous
	ils envoient	nous
	il peut	vous
mettre	je	ils
	elle fuit	nous
	tu	elles ont suivi
	je suis	nous

TESTEN

AUFGABE 10 **Streiche jeweils die falsche Verbform durch.**

ACHTUNG FEHLER

1. je finisse – je finis
2. il voit – il voie
3. nous croyons – nous croions
4. elle connaisse – elle connaît
5. elle suit – elle suive
6. je batte – je bats
7. vous faisez – vous faites
8. tu interrompes – tu interromps
9. elle répéte – elle répète
10. je m'en vais – je m'en vas

AUFGABE 11 **Louis schreibt eine E-Mail an seinen Freund Fabien. Wähle passende Verben aus dem Wortspeicher und setze sie in der richtigen Form in die Lücken ein.**

s'en aller - ranger - devoir - partir - faire - donner - avoir - promettre - connaître - envoyer - voir

Salut Fabien,

Demain, nous allons ______ en vacances. Aujourd'hui, nous avons ______ les valises et nous avons ______ toute la maison. Tu ______ notre voisine? C'est la dame qui ______ un chien bizarre. Maman lui a ______ la clé de notre maison. Elle nous a ______ de garder la maison pendant notre absence. Je vais te ______ une carte postale du château de Versailles. Tu as déjà ______ ce château? Il est magnifique! Demain, on va ______ à 5 heures du matin. C'est pourquoi on ______ se lever à trois heures.

À bientôt!

Louis

AUFGABE 12 **Übersetze die folgenden Sätze und schreibe sie in dein Übungsheft.**

Er beklagt sich immer über seine Nachbarn. Wir beklagen uns nie.
Heute machen wir einen Ausflug in die Berge. Wir folgen meiner Tante, da sie den Weg kennt.
Die Klasse sagt heute Morgen nichts (schweigt), denn dem Lehrer gefallen die Hausaufgaben überhaupt nicht.
Mein Vater erlaubt mir, meinen Onkel in Afrika zu besuchen.
Ihr Bruder fürchtet sich vor der Nacht, deshalb verspricht sie ihm, eine Geschichte zu erzählen.

2 Zeiten

2.1 *Imparfait*

Im Französischen verwendet man das ***imparfait*** zur Beschreibung von Handlungen und Zuständen in der Vergangenheit (↑ Kap. 2.3).

Quand mes parents **avaient** notre âge, ils **écoutaient** les chansons d'Édith Piaf.

Man leitet das ***imparfait*** von der **1. Person Plural Präsens** ab, indem man die Endung *-ons* durch die folgenden Endungen ersetzt:

Singular		Plural	
je	***...-ais***	*nous*	***...-ions***
tu	***...-ais***	*vous*	***...-iez***
il / elle / on	***...-ait***	*ils / elles*	***...-aient***

Merke: Diese Regel gilt für alle Verbgruppen (auf *-er*, *-ir* und *-(d)re*).

Fast alle unregelmäßigen Verben bilden das ***imparfait*** auf diese Weise.

parler:
nous parlons → parl- *(= Verbstamm)*

je parl**ais**	nous parl**ions**
tu parl**ais**	vous parl**iez**
il / elle / on parl**ait**	ils / elles parl**aient**

chercher: nous cherch-ons → je cherch**ais**
sortir: nous sort-ons → tu sort**ais**
attendre: nous attend-ons → il attend**ait**

avoir: nous av-ons → nous av**ions**
faire: nous fais-ons → vous fais**iez**
recevoir: nous recev-ons → ils recev**aient**
répéter: nous répét-ons → elles répét**aient**

Achtung: Folgende Verben bilden eine Ausnahme: ***être***, ***falloir*** (nötig sein), ***pleuvoir*** (regnen).

être:

j'**étais**	nous **étions**
tu **étais**	vous **étiez**
il / elle / on **était**	ils / elles **étaient**

falloir: il faut → il **fallait**
pleuvoir: il pleut → il **pleuvait**

Bei den Verben ***manger***, ***ranger*** und ***commencer*** gibt es eine Besonderheit: Vor den Vokalen ***a***, ***o*** und ***u*** muss wegen der Aussprache bei ***manger*** und ***ranger*** ein ***e***, bei ***commencer*** eine ***cédille*** eingefügt werden.

je mangeais	nous mangions
tu mangeais	vous mangiez
il / elle / on mangeait	ils mangeaient
je rangeais	nous rangions
tu rangeais	vous rangiez
il / elle / on rangeait	ils rangeaient
je commençais	nous commencions
tu commençais	vous commenciez
il / elle / on commençait	ils commençaient

ÜBUNG 1 **Setze die richtigen Verbformen ein.**

	1. Person Plural Präsens	*imparfait*
tu prends		
ils ouvrent		
elles sortent		
vous mettez		
tu fais		
je réfléchis		
il dit		
elle répète		
ils sont		
elles appellent		

ÜBUNG 2 **Die Großmutter erzählt aus ihrer Kindheit. Setze die entsprechenden Verbformen im *imparfait* ein.**

J' ________ (avoir) neuf ans. Chaque automne, nous ________ (passer) les vacances chez mon oncle et ma tante en Auvergne. Il y ________ (avoir) beaucoup de volcans. J' ________ (aimer) faire des promenades dans la forêt. Mon oncle ________ (être) aimable et il m' ________ (accompagner) toujours. Avec Lucille, la fille des voisins, je ________ (faire) du vélo et nous ________ (nager) dans le fleuve qui ________ (passer) par le village. J' ________ (être) très heureuse parce que ma tante nous ________ (préparer) des gâteaux formidables. Le week-end, nous ________ (manger) dans un petit restaurant qui ________ (s'appeler) «Le cheval noir». Quel temps heureux!

2.2 *Passé composé* und *plus-que-parfait*

Das französische ***passé composé*** und das ***plus-que-parfait*** haben wie das deutsche Perfekt und das Plusquamperfekt zwei Bestandteile:
- konjugiertes Hilfsverb ***avoir / être*** und
- ***participe passé*** *(p. p.)*.

Léa **ist** nach Hause **gegangen.**
Er **hatte** ein Buch **gelesen.**

Hilfsverb + participe passé

Léa **est** **rentrée** à la maison.
Il **avait** **lu** un livre.

Das ***participe passé*** wird folgendermaßen gebildet:
- Verben auf ***-er*** → **...*-é***
- Verben auf ***-dre*** → **...*-du***
- Verben auf ***-ir*** → **...*-i***

trouver → trouv**é**
perdre → perd**u**
fin**ir** → fin**i**

In ↑ Kap. 1.2 findest du die wichtigsten **unregelmäßigen Formen** des *p. p.*

mettre → **mis**
faire → **fait**

Passé composé

Im *passé composé* steht das Hilfsverb im Präsens. Die meisten Verben bilden das *passé composé* mit ***avoir.***

J'**ai lavé** la vaisselle. – Nous **avons pris** un café. – Sabine **a cherché** son stylo. – Elle **a réfléchi.** – Puis, elle l'**a trouvé.**

Mit dem Hilfsverb ***être*** stehen:
- Verben der **Bewegungsrichtung,** auch **„Häuschenverben"** genannt: ***aller*** (gehen), ***arriver*** (ankommen), ***descendre*** (hinabsteigen), ***entrer*** (eintreten), ***monter*** (hinaufsteigen), ***partir*** (fortgehen), ***rentrer*** (zurückkommen), ***rester*** (bleiben), ***retourner*** (zurückkehren), ***revenir*** (zurückkommen), ***sortir*** (verlassen), ***tomber*** (fallen), ***venir*** (kommen).

Il **est monté** et après, il **est descendu.**
Je **suis allé** à la piscine où j'**ai nagé** toute la matinée.

Achtung: Die Verben der **Bewegungsart** stehen jedoch **mit *avoir,*** z. B. *courir* (rennen), *marcher* (gehen) und *nager* (schwimmen).

- reflexive Verben *(verbes pronominaux).*

Il **s'est lavé.** – Nous ne **nous sommes** pas **amusés.** – Tu **t'es amusé,** Luc?

WISSEN

Beim *passé composé* mit *être* wird das ***participe passé*** an das **Subjekt** des Satzes **angeglichen *(accord)*.** Dazu werden an das *p.p.* folgende Endungen angehängt:

	Singular	**Plural**
mask.	–	...-*s*
fem.	...-*e*	...-*es*

Achtung: Ist ein männliches Wesen in der Subjektgruppe, so richtet sich das *p.p.* nach ihm (Maskulinum Plural).

Singular:
Marc n'**est** pas **rentré** à la maison.
Laure **est allée** à Paris.

Plural:
Marc et son frère **sont rentrés** à l'école.
Laure et Ludivine **sont allées** chez Pierre.

Marc, Laure et Ludivine **sont allés** à Lyon.

Bei den reflexiven Verben wird das *p.p.* nur **verändert,** wenn das **Reflexivpronomen** ein **direktes Objekt** *(wen oder was?)* ist.

Elle s'est lavé**e.** *(Wen oder was hat sie gewaschen? se = dir. Objekt)*
Elle s'est lavé **les mains.** *(Wem hat sie die Hände gewaschen? se = indir. Objekt)*

Geht dem Hilfsverb ***avoir*** ein direktes Objekt *(wen oder was?)* in Form eines **Objektpronomens,** eines **Fragepronomens** oder eines **Relativpronomens** voran, so wird das *p.p.* an das direkte Objekt **angeglichen.**

Les BD? Je **les** ai regardé**es.** *(Wen oder was habe ich angeschaut?)*
Quels livres as-tu vu**s**?
Voilà la maison **que** j'ai acheté**e** hier.
Tu as trouvé les cahiers **que** tu as cherché**s**? – Oui, je **les** ai trouvé**s.**

Plus-que-parfait

Das ***plus-que-parfait*** wird ähnlich wie das *passé composé* gebildet. Der einzige Unterschied besteht darin, dass das **Hilfsverb** im ***imparfait*** (↑ Kap. 2.1) steht:
- ***imparfait*** von ***avoir / être*** und
- ***participe passé (p.p.)***

Nadine **avait pris** un café.
J'**avais chanté** une chanson.
Tu **avais attendu** ton copain.
Il **était venu.**
Vous **étiez entrés** dans le salon.

Was die Verwendung des Hilfsverbs ***(avoir* oder *être)*** und die **Angleichung des *p.p. (accord)*** betrifft, so gelten für das *plus-que-parfait* dieselben Regeln wie für das *passé composé.*

passé composé:
Il **a marché** toute la journée.
Nous **sommes allés** à Paris.
Elle **s'est dépêchée.**

plus-que-parfait:
Il **avait marché** toute la journée.
Nous **étions allés** à Paris.
Elle **s'était dépêchée.**

ÜBUNG 3 **In der Wortschlange sind 20 *participes passés* versteckt. Schreibe sie in dein Übungsheft und notiere jeweils den Infinitiv in Klammern.**

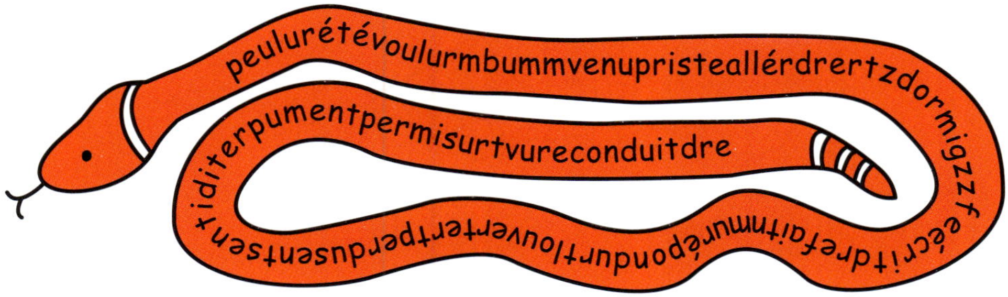

ÜBUNG 4 **Setze die richtigen Verbformen im *passé composé* ein. Achte darauf, ob *avoir* oder *être* verwendet wird, und gleiche, wenn nötig, das *participe passé* an.**

Mme Brandt est professeur de français. Elle ______ (organiser) un voyage à Avignon avec ses élèves. Mme Brandt ______ (préparer) un petit livre avec des phrases françaises et elle ______ (faire) une liste des curiosités. Le jour du départ, ils ______ (prendre) un grand car pour aller à Paris. Les élèves ______ (monter) dans le car et on ______ (partir). Après neuf heures de route, ils ______ (arriver) à Avignon. On ______ (descendre) du car et la découverte de la ville des Papes *(Päpste)* ______ (commencer). Le premier jour, Sabine, une des élèves, ______ (ne pas vouloir) parler le français, mais après une semaine, elle ______ (commencer) à parler sans peur. Sa corres lui ______ (dire): «Tu vas être bonne en français!»

ÜBUNG 5 **Höre dir Track 3 auf der CD an. Beantworte die Fragen, indem du die Objekte durch die Objektpronomen *le, la* oder *les* ersetzt. Achte auf die Angleichung des *participe passé*!**

3

1. Je ______ ai ______ (mettre) dans ton sac à dos.
2. Nous ______ avons ______ (prendre).
3. Manon ______ a ______ (oublier) sur la table.
4. Nous ______ avons ______ (trouver)!
5. Je ______ ai ______ (voir) sur ton lit.

ÜBEN

ÜBUNG 6 **Mme Bruel erzählt. Setze die Verbformen im *plus-que-parfait* ein. Beachte die Hilfsverben und die Angleichung des Partizips!**

Pour la première fois, je ______ (venir) à Dijon quand j'étais élève au collège de filles. Nous ______ (prendre) le train pour y arriver. Nous ______ (réserver) une chambre dans un petit hôtel près du centre-ville. À la gare de Dijon, nous ______ (demander) le chemin à une dame. Elle ______ (monter) dans notre taxi et elle nous ______ (expliquer) comment trouver notre hôtel. Une fois arrivées au centre-ville, nous ______ (descendre) du taxi. La dame ______ (rester) dans le taxi et (continuer) ______ son chemin. À l'hôtel, nous ______ (boire) et nous ______ (faire) un repas formidable. Après, nous ______ (dormir).

ÜBUNG 7 **Setze die Verbformen im *passé composé* ein und achte auf den *accord* des *participe passé!***

1. Tu connais ce film? – Oui, je ______ (le, regarder) samedi.
2. Vous connaissez ces CD? – Oui, je ______ (les, écouter) hier.
3. Qui a écrit ce livre? – Mon père ______ (le, écrire).
4. Il a écrit aussi les autres livres? – Non, il ______ (ne ... pas, les, écrire).
5. Nous avons mangé les tartes que nous ______ (acheter) à midi.
6. Elles cherchent l'eau minérale qu'elles ______ (boire) à Lyon.
7. Je te montre les photos que je ______ (prendre) à Arles.
8. Nous connaissons toutes les chansons que Georges Moustaki ______ (chanter) pendant son concert à Stuttgart.
9. Combien d'oranges est-ce que tu ______ (vendre) au marché?
10. Quels livres est-ce que tu ______ (lire)?
11. Où sont les BD que je ______ (offrir) à ma sœur?

ÜBEN

ÜBUNG 8 ***La randonnée:*** **Nadine macht eine Wanderung mit ihrem Vater. Setze die Infinitive ins *passé composé* oder, wenn angegeben, ins *imparfait (imp)* bzw. *plus-que-parfait (pqp)*. Achte auf die Angleichung des *participe passé!***

Le père de Nadine ________ (vouloir, *imp*) faire une randonnée avec sa fille.

C'est pourquoi il ________ (acheter, *pqp*) une tente.

Il ________ (prendre) un grand sac à dos et ils ________ (mettre) la tente dans ce sac à dos.

Nadine et son père ________ (choisir) un terrain de camping près de Blois.

Richard Scholz, Schkeuditz

Pendant deux jours, ils ________ (visiter) deux châteaux de la Loire.

Nadine ________ (les trouver) très beaux.

Le soir, Nadine et son père ________ (chanter) des chansons qu'ils ________ (apprendre, *pqp*) il y a des années.

Puis ils ________ (lire) les livres qu'ils ________ (apporter, *pqp*).

Normalement, les vacances en famille, Nadine les ________ (détester, *pqp*).

Maintenant, Nadine dit que ce sont vraiment des journées super qu'ils ________ (passer) ensemble.

ÜBUNG 9 **Übersetze die folgenden Sätze und schreibe sie in dein Übungsheft.**

Wie viele Reisen hast du nach Paris gemacht?
Habt ihr die Briefe gelesen, die ich euch geschrieben habe?
Wo sind die Postkarten, die ich gekauft habe? – Ich habe sie auf den Tisch gelegt.
Meine Tante ist schon angekommen. Sie ist wirklich gerannt!
Hast du das Auto gewaschen? – Nein, ich habe es noch nicht gewaschen.
Sabine, hast du dich gut amüsiert?
Robert ist heute früh aufgestanden, aber Yvonne ist sehr spät aufgestanden.
Pascal und Luc haben sich nicht getroffen, deshalb haben sie sich E-Mails *(un e-mail)* geschrieben.
Nadine hatte sich ein Sandwich zubereitet.
Lucien und Gérard waren um acht Uhr aufgewacht *(se réveiller)*.

2.3 Gebrauch von *passé composé, imparfait* und *plus-que-parfait*

Das *passé composé* verwendet man zur Beschreibung von	
■ **abgeschlossenen Handlungen,** d. h. von Vorgängen oder Ereignissen mit eindeutigem Anfang und / oder Ende, die im **Vordergrund** stehen (Signalwörter: *un jour, tout à coup, à ce moment-là, à sept heures* etc.);	<u>Un jour</u>, j'**ai rencontré** mon ami Luc dans la rue. <u>Tout à coup</u>, le téléphone **a sonné.**
■ **einmaligen Handlungen** (Signalwörter: *ce jour-là, une fois, hier, lundi dernier* etc.);	<u>Hier</u>, nous **avons regardé** un film.
■ **aufeinanderfolgenden Handlungen** (= Handlungsketten; Signalwörter: *d'abord, puis, après, ensuite, une heure après* etc.).	<u>D'abord</u>, mon frère **a fait** ses devoirs. <u>Après</u>, il **a dormi** une demi-heure. <u>Ensuite</u>, il **a joué** au tennis.
Das *imparfait* verwendet man zur Beschreibung von	
■ **nicht abgeschlossenen** Ereignissen (Signalwörter: *encore, déjà* etc.);	Mon père **était** <u>déjà</u> à la maison.
■ **regelmäßigen** oder **gewohnheitsmäßig** stattfindenden Handlungen oder Ereignissen (Signalwörter: *d'habitude, le lundi, le week-end, toujours, chaque jour / semaine, souvent, autrefois* etc.);	Quand nous **avions** votre âge, nous **écoutions** les chansons de Georges Moustaki.
■ **Zuständen, Begleitumständen** oder **Erklärungen,** die sich im **Hintergrund** abspielen;	J'ai rencontré une dame. C'**était** une voisine. Elle **faisait** des courses.
■ **gleichzeitig** ablaufenden Handlungen (Signalwort: *pendant que*).	<u>Pendant que</u> les élèves **faisaient** le contrôle, le prof **corrigeait** un test.
Werden *imparfait* und *passé composé* im Satzgefüge (Haupt- und Nebensätze), z. B. in einer Geschichte oder Erzählung verwendet, so ist das *imparfait* die Zeit des **Hintergrunds,** das *passé composé* die Zeit des **Vordergrunds.** Stelle folgende Fragen, um zu entscheiden, welche Zeit du verwenden musst: ■ Was war schon? → *imparfait* ■ Was geschah dann? → *passé composé*	*imparfait (Was war schon?):* Il **faisait** jour. Le soleil **brillait.** Le ciel **était** bleu. Les oiseaux **chantaient.** La route **était** vide. *passé composé (Was geschah dann?):* <u>Tout à coup</u>, j'**ai entendu** un bruit. <u>Puis</u> j'**ai vu** une voiture ...

Häufig ist im Satzgefüge ein Wechsel vom ***imparfait*** ins ***passé composé,*** wenn **ein noch andauernder Vorgang** von einer **neu eintretenden Handlung** unterbrochen wird. Du kannst deshalb das *imparfait* sehr gut durch eine **Wellenlinie** (= Dauer) wiedergeben, das *passé composé* durch einen **senkrechten Pfeil** oder einen **Blitz** (= Neueintritt).	Ma mère **était** en train de faire les courses ↓ quand ma tante **est arrivée** avec mon cousin.
Wenn zwei Handlungen direkt **aufeinanderfolgen,** stehen beide im ***passé composé.***	Quand Stéphanie **a vu** sa copine, elle **a dit:** «Salut!»
Wenn in Haupt- und Nebensatz **gleichzeitig** verlaufende Vorgänge ausgedrückt werden, so stehen beide im ***imparfait*** (Signalwort häufig: *pendant que*).	Pendant que Luc me **parlait,** je ne le **regardais** pas.
Wenn Relativsätze **beschreibende Informationen** darstellen und keine neuen Handlungen einleiten, dann stehen sie im ***imparfait.***	M. Durand qui **était** le prof de mon frère **a fait** beaucoup de contrôles.
Das ***plus-que-parfait*** drückt stets eine **Vorvergangenheit** aus, d. h. es bezeichnet Vergangenes, das bereits **vor einem Geschehen oder Zustand der Vergangenheit abgeschlossen** war. Die Frage lautet hier: Was war schon vorher geschehen?	Les correspondants belges de la classe 6e B sont arrivés à six heures du soir devant le collège. Ils **avaient pris** le car à huit heures du matin.
Mit einem **Zeitstrahl** kann man die Reihenfolge des Geschehens und die Verwendung der verschiedenen Zeiten im Französischen verdeutlichen.	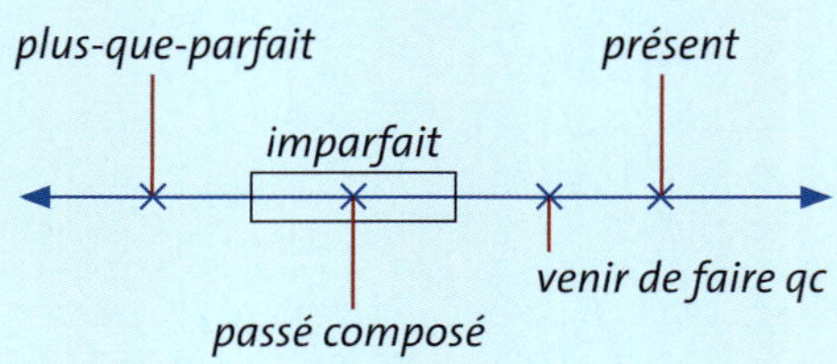

ÜBUNG 10 **Erkläre bei den folgenden Sätzen die Verwendung von *passé composé* und *imparfait*. Achte dabei auch auf Signalwörter! Schreibe in dein Übungsheft.**

1. Il faisait très beau, alors nous avons pris le vélo.
2. C'était dimanche matin. J'étais en train de lire le journal et de boire mon café quand, tout à coup, ma mère est entrée.
3. D'abord, j'ai fait les courses. Ensuite, j'ai passé l'aspirateur *(Staub saugen)*. Puis, j'ai fait la cuisine. Finalement, j'ai mis la table.
4. Tous les matins, il allait acheter le journal et un croissant au bureau-tabac d'à côté.
5. Les Gaulois *(Gallier)* chassaient dans la forêt quand les Romains les ont attaqués.

ÜBUNG 11 **Setze die folgenden Sätze in die Vergangenheit. Unterscheide die Verwendung von *passé composé* und *imparfait*. Achte auf Signalwörter!**

Madeleine __________ (jouer) au tennis quand sa mère __________ (appeler).

D'abord, je __________ (aller) à l'école et après, je __________ (faire) mes devoirs.

Un jour, nous __________ (rencontrer) des gens qui __________ (faire) un voyage en France. Ils nous __________ (demander) le chemin du Louvre.

Il __________ (faire) nuit. Oh, il __________ (être) déjà minuit.

Monique et moi, nous __________ (être) en train de discuter. Tout à coup, Monique __________ (crier): «Au secours! Un fantôme!» Mais ce __________ (ne pas être) un fantôme, ce __________ (être) le chat noir des voisins.

Chaque soir, Mme Legrand __________ (attendre) son mari. Il __________ (être) dix heures du soir, mais M. Legrand __________ (ne pas encore être) à la maison. Mme Legrand __________ (se faire) du souci *(Sorgen)*. À minuit, un taxi __________ (arriver) et son mari __________ (descendre). Il __________ (payer) le chauffeur et le taxi __________ (partir).

ÜBUNG 12 **Claire schreibt ihrer Brieffreundin Alina. Setze die Verben in die Vergangenheit und verwende entweder *passé composé, plus-que-parfait* oder *imparfait*.**

Chère Alina,

Samedi dernier, nous ______ (faire) une boum chez mon amie Laurence parce que les parents de Laurence ______ (partir) en vacances. On ______ (pouvoir) tout préparer sans parents! Toute la semaine, nous ______ (préparer) la fête: Luc ______ (acheter) quelque chose à manger et à boire, Pierre ______ (apporter) la musique, Laurence et moi, nous ______ (décorer) la maison. Samedi soir, tous les amis ______ (venir). Nous ______ (manger), nous ______ (boire) et nous ______ (danser) quand, tout à coup, les parents de Laurence ______ (ouvrir) la porte. Quelle surprise!!! Tout de suite, Pierre ______ (arrêter) la musique et tous les amis ______ (partir). Les parents de Laurence ______ (ne pas être) contents parce que Laurence ______ (ne rien dire) de la fête. Mais le lendemain, ils ______ (dire) qu'à notre âge, ils ______ (faire) la même chose! Voilà pour aujourd'hui.

Bisous, Claire

ÜBUNG 13 **Alina antwortet ihrer Brieffreundin Claire. Leider macht sie bei den Zeiten viele Fehler. Finde elf Fehler und schreibe den korrigierten Brief in dein Übungsheft.**

ACHTUNG FEHLER

Chère Claire,

Nous faisions une fête la semaine dernière. J'invitions tous mes amis. Nous avons tout préparer: la musique, des salades et des boissons. Ce soir-là, mes parents allaient chez des amis, donc, la maison avait été vide. À huit heures, mes copains arrivaient et nous avions fêté ensemble. Nous avons dansé et nous avons chanté nos chansons préférées, quand le téléphone sonnait! Oh, c'était les voisins!

Bisous et à bientôt!
Alina

ÜBEN

ÜBUNG 14 **Setze den Text in die Vergangenheit und verwende entweder *passé composé* oder *imparfait* statt der hervorgehobenen Präsensformen. Schreibe in dein Übungsheft.**

Claudia passe les cinq premières années de sa vie en Angleterre. C'est une petite fille qui aime beaucoup ses parents. À l'âge de cinq ans, elle quitte l'Angleterre avec ses parents. La famille veut commencer une nouvelle vie à Lyon, en France. Le père trouve un bon travail et ils peuvent acheter une petite maison à Villefranche près de Lyon. Au début, Claudia n'est pas contente parce qu'elle n'a pas de copines. Elle ne parle pas le français et elle ne comprend pas les autres élèves à l'école. Un jour, Jane, une fille américaine, entre dans sa classe. Elle a les mêmes problèmes que Claudia. Elles deviennent amies et apprennent le français ensemble.

ÜBUNG 15 **Übersetze die folgenden Sätze.**

Während meine Freunde Crêpes zubereiteten, machte ich einen Erdbeerkuchen *(une tarte aux fraises)*.

Plötzlich habe ich ein Auto gesehen, das auf mich zukam *(rouler)*.

Linda konnte nicht zum Konzert gehen, weil sie zu müde war.

Letztes Jahr hatte unser Französischlehrer den Schüleraustausch sehr gut vorbereitet.

Nach der Schule ist Luc heimgegangen. Dann hat er etwas gegessen, weil er Hunger hatte. Anschließend hat er sein Fahrrad genommen und ist weggefahren.

2.4 Futur

Im Deutschen bildet man das Futur I mit dem Präsens des Hilfsverbs *werden* und dem Infinitiv. Im Französischen gibt es zwei Möglichkeiten:

Ich **werde singen.**

- das ***futur composé*** (zusammengesetzte Zukunft), das häufig in der gesprochenen Sprache verwendet wird und die **nahe Zukunft** bezeichnet;

Je **vais chanter.**

- das ***futur simple*** (einfache Zukunft), das eher in der **Schriftsprache** vorkommt.

Je **chanterai.**

Das ***futur composé*** bildet man mit dem Präsens des Verbs ***aller*** und dem **Infinitiv:**

Singular	Plural
*je **vais regarder***	*nous **allons regarder***
*tu **vas regarder***	*vous **allez regarder***
*il / elle **va regarder***	*ils / elles **vont regarder***

Demain, je **vais me lever** à sept heures. À huit heures, nous **allons aller** au marché. Là, on **va faire** les courses pour le week-end. Après, nos amis **vont** nous **rendre** visite et on **va passer** l'après-midi ensemble.

Für die **Verneinung** sowie für die Stellung der **Objektpronomen** gelten die gleichen Regeln wie für die Verben mit Infinitivergänzung.

Elle ne **va** pas le **dire.**
Il ne **veut** pas le **dire.**

Das ***futur simple*** wird gebildet, indem man an das *-r* des Infinitivs die folgenden Futurendungen anhängt:

Singular		Plural	
je	***...-ai***	*nous*	***...-ons***
tu	***...-as***	*vous*	***...-ez***
il / elle / on	***...-a***	*ils / elles*	***...-ont***

Die Verben auf ***-re*** bzw. auf ***-dre*** verlieren dabei das *-e* des Infinitivs:
lire → je lirai
prendre → je prendrai

Merke: Die Endungen des ***futur simple*** ähneln dem Präsens von ***avoir.***

regarder:

je regarder**ai**	nous regarder**ons**
tu regarder**as**	vous regarder**ez**
il / elle regarder**a**	ils / elles regarder**ont**

sortir:

je sortir**ai**	nous sortir**ons**
tu sortir**as**	vous sortir**ez**
il / elle sortir**a**	ils / elles sortir**ont**

attendre:

j'attendr**ai**	nous attendr**ons**
tu attendr**as**	vous attendr**ez**
il / elle attendr**a**	ils / elles attendr**ont**

Achtung: Bei den Verben auf ***-er*** mit einer Besonderheit in der Schreibweise **(stamm- und endungsbetonte Formen)**, musst du bei der Futurbildung von der **1. Person Singular Präsens** ausgehen.

acheter:	j'ach**è**te	→ j'ach**è**ter**ai**
préférer:	je préf**è**re	→ tu préf**è**rer**as**
appeler:	j'appe**ll**e	→ il appe**ll**er**a**
jeter:	je je**tt**e	→ nous je**tt**er**ons**
payer:	je pa**i**e	→ ils pa**i**er**ont**

Einige **unregelmäßige Verben** bilden das *futur simple* mit einem besonderen **Futurstamm,** an den man die Futur-Endungen anhängt. Präge dir deshalb die folgenden Verben ein:

*être → je **serai***	*faire → je **ferai***
*avoir → j'**aurai***	*savoir → je **saurai***
*voir → je **verrai***	*aller → j'**irai***
*envoyer → j'**enverrai***	*vouloir → je **voudrai***
*pouvoir → je **pourrai***	*courir → je **courrai***
*venir → je **viendrai***	*tenir → je **tiendrai***
*devoir → je **devrai***	*recevoir → je **recevrai***
*il faut → il **faudra***	*il pleut → il **pleuvra***
*s'asseoir → je **m'assiérai***	
*mourir → je **mourrai***	

Demain, je **serai** à Paris.
Ce soir, tu **feras** tes devoirs.
Après l'école, il **aura** soif.
Lundi, nous **saurons** le résultat du test.
On **verra** vendredi.
Nous **irons** à la maison.
Vous m'**enverrez** une lettre?
Elles **voudront** dormir.
Tu **pourras** venir quand tu **voudras.**
Il **courra** pour gagner la course.
Je **viendrai** chez vous.
Tu **tiendras** ta promesse.
Nous **devrons** travailler ce week-end.
Ce soir, ils **recevront** des amis.
Il te **faudra** faire les courses.
Cet après-midi, il **pleuvra.**

Wie im Deutschen und im Englischen gibt es auch im Französischen ein Futur II: das ***futur antérieur.*** Es bezeichnet eine **Vergangenheit in der Zukunft.**

Demain, il **sera rentré.** – Morgen wird er zurückgekommen sein.

Das ***futur antérieur*** setzt sich zusammen aus dem Futur des Hilfsverbs und dem *participe passé:*

- ***futur simple*** von ***avoir / être*** und
- ***participe passé (p.p.).***

Für die Verwendung von ***avoir*** bzw. ***être*** sowie für die Angleichung des ***participe passé*** gelten die gleichen Regeln wie beim ***passé composé*** (↑ Kap. 2.2).

j'**aurai regardé**	nous **aurons regardé**
tu **auras regardé**	vous **aurez regardé**
il **aura regardé**	ils **auront regardé**
je **serai sorti(e)**	nous **serons sorti(e)s**
tu **seras sorti(e)**	vous **serez sorti(e)s**
il / elle **sera sorti(e)**	ils / elles **seront sorti(e)s**

Das ***futur antérieur*** bezeichnet eine Handlung in der Zukunft, die **abgeschlossen** sein wird, bevor eine **andere Handlung** in der Zukunft **beginnt.** Es wird daher häufig in Satzgefügen verwendet, die durch ***quand / lorsque*** (temporales „wenn") oder ***après que*** (nachdem) eingeleitet werden. Umgangssprachlich wird im Deutschen das *futur antérieur* oft mit Perfekt wiedergegeben, das *futur* im Hauptsatz mit Präsens.

Quand j'**aurai fini** le travail, je **serai** heureuse. – Wenn ich die Arbeit beendet haben werde, werde ich glücklich sein.
Lorsque je **serai rentré** à la maison, je **ferai** la cuisine.
Après qu'il **sera parti,** nous **irons** dans le jardin.

Wenn ich die Arbeit beendet habe, bin ich glücklich.

ÜBUNG 16 Ergänze die fehlenden Buchstaben der folgenden Formen im *futur simple* und im *futur antérieur*. Ergänze dabei die Personalpronomen und schreibe sie nach Zeiten geordnet in dein Übungsheft.

	po rons		auras chant		s rai descend
	f ra		sere		f udra
	co ront		attendr nt		sera arriv e
	trouv ras		voudr ns		uras
	serons sort		ach terons		urai pris

ÜBUNG 17 Setze die folgenden Präsensformen ins Futur.

présent	*futur composé*	*futur simple*	*futur antérieur*
tu passes			
nous finissons			
elle entend			
il faut			
je viens			
vous buvez			
elles courent			

ÜBUNG 18 Was werden die Personen morgen machen? Bilde Sätze im *futur simple*.

Jacques

Yvonne

Luc et Antoine

Nous

ÜBEN

ÜBUNG 19 **Hier sind einige rätselhafte Sätze. Trage die Verbform (*futur simple* oder *futur antérieur*) ein, die aus den hervorgehobenen Buchstaben zusammengesetzt ist, und daneben den dazugehörigen Infinitiv.**

1. Pierre et Luc ntvinerdo pour faire leurs devoirs ensemble.
2. Qu'est-ce que tu safre demain?
3. Quand vous smiuazer la table, nous remaosnng.
4. L'école commence à huit heures. Demain, tu reass à l'heure?
5. Sabine et Marc onvuodtr rentrer à la maison lorsqu'ils afuinriont la répétition *(Probe)*.

ÜBUNG 20 **Auf Track 4 erzählt Luc von seinen Ferienplänen. Setze die Verbformen ins *futur simple*.**

4

Pendant les vacances d'été, je ______ jusqu'à midi.
Après, je ______ et je ______ le petit déjeuner.
J'espère que ma mère le ______.
L'après-midi, quand il ______ beau, je ______ à la piscine ou
mes amis et moi, nous ______ au tennis.
Nous ______ aussi aller dans la forêt pour trouver des champignons.
Quand il ______, je ______ à la maison: je ______
ma chambre de temps en temps ou je ______ avec l'ordinateur.
Ma famille et moi, nous ______ un voyage à Lyon.
Là, on ______ trois jours chez ma tante.
Pendant les vacances, je ______. Plus précisément,
je ______ mes livres dans l'armoire.
On ______!

ÜBUNG 21 **Antoine hat viel zu tun. Seine Mutter hat ihm einige Aufgaben aufgeschrieben. Ergänze die richtigen Formen des *futur simple* und des *futur antérieur*.**

Antoine, quand tu auras fini (finir) le travail, tu iras (aller) chez le boulanger.

Antoine, quand tu ______ (se lever), tu ______ (prendre) ta douche.

Quand tu ______ (faire) ton lit, tu ______ (prendre) ton petit déjeuner.

Quand tu ______ (prendre) ton petit déjeuner, tu ______ (ne pas partir) mais tu ______ (apprendre) la grammaire anglaise.

Quand tu ______ (finir), tu ______ (pouvoir) jouer au foot avec tes amis ou, quand vous ______ (avoir) le temps, vous ______ (pouvoir) laver la voiture.

Quand vous ______ (faire) le travail, il y ______ (avoir) une bonne portion de glace à la vanille à la crème Chantilly *(Schlagsahne)*!

ÜBUNG 22 **Übersetze die folgenden Sätze und schreibe sie in dein Übungsheft.**

Nachdem wir eingekauft haben (werden), werdet ihr kochen können.
Morgen werden wir nach Frankreich zurückkehren müssen.
Wenn Sie Ihre Ferien in Frankreich verbracht haben (werden), werden Sie besser Französisch sprechen.
Ich werde dir von meiner Reise nach England erzählen, wenn wir nach Deutschland zurückgekehrt sein werden.
Im Automuseum werden wir schöne Autos sehen.
Morgen Abend werden wir in Dijon angekommen sein und ein Glas Rotwein trinken.
Ich werde mit einem Freund diesen Sommer verreisen können. Wir werden zuerst den Zug nehmen, dann werden wir per Anhalter fahren *(faire de l'autostop)*.
Morgen früh werden Luc und Christine um fünf Uhr aufstehen, nachdem die Sonne aufgegangen sein wird.

Klassenarbeit 1

45 Minuten

AUFGABE 1 **Kreuze an, ob die Verbformen richtig oder falsch sind. Korrigiere sie, wenn es nötig ist.**

		juste	incorrect	
futur simple:				
descendre:	je descenderai	☐	☐	
dormir:	tu dormiras	☐	☐	
faire:	elle faira	☐	☐	
être:	nous êtrons	☐	☐	
courir:	je courrai	☐	☐	
imparfait:				
prendre:	elle prennait	☐	☐	
tenir:	nous tenions	☐	☐	
partir:	je partirais	☐	☐	
lire:	tu lisas	☐	☐	
attendre:	ils attendaient	☐	☐	

AUFGABE 2 **Ordne die Formen des *imparfait* und des *futur simple*, die durcheinandergeraten sind. Ergänze jeweils das Personalpronomen.**

buvait – conduiront – enverras – allions – fallait – boirons – venaient – étais – aurai – prendront – répétions – achèterez – lisions – tiendras – serez – partiez – sortirez – dormaient – mettais – faisait – courras – courais

imparfait:

futur simple:

TESTEN

AUFGABE 3 Ergänze die fehlenden Formen.

présent	*imparfait*	*passé composé*	*plus-que-parfait*
vous entendez			
je sors			
ils finissent			
tu mets			
il s'appelle Tom			
nous venons			
elles prennent			

AUFGABE 4 **Setze die in Klammern angegebenen Verben in der Vergangenheit ein: Verwende *imparfait, passé composé* oder *plus-que-parfait*.**

C' ______ (être) le début des vacances d'été. Il ______ (faire) très beau, le ciel ______ (être) bleu. Nous ______ (monter) dans notre voiture et le voyage ______ (commencer). Avant, nous ______ (préparer) nos valises et on ______ (charger, *beladen*) la voiture. On ______ (être) sur l'autoroute. Mon père ______ (rouler) lentement parce qu'il y ______ (avoir) beaucoup de monde sur les routes. Il ______ (être) impossible de rouler vite. Tout à coup, le chauffeur qui ______ (être) dans la voiture devant nous ______ (freiner, *bremsen*). Mon père, lui aussi, ______ (devoir) freiner. Heureusement, il ______ (pouvoir) arrêter notre voiture. Nous ______ (avoir) de la chance! Nous ______ (continuer) notre voyage et ce soir-là, nous ______ (arriver) chez nos amis qui nous ______ (attendre) déjà!

TESTEN

AUFGABE 5 ***Qu'est-ce que les Durand feront le week-end?*** **Setze die in Klammern angegebenen Verben ins Futur. Zweimal kommt das *futur antérieur* vor.**

Samedi matin, les Durand _____ (aller) en ville. Mme Durand _____ (faire) les courses pour le week-end. Elle _____ (acheter) tout pour le repas de dimanche: ils _____ (faire) une petite excursion à Tours. C'est pourquoi il _____ (falloir) tout préparer pour le pique-nique. Après que Mme Durand _____ (faire) ses courses, toute la famille _____ (entrer) dans un petit restaurant au centre-ville. Quand ils _____ (manger), ils _____ (se rendre, *sich begeben*) à la maison. Ensuite, les parents _____ (travailler) dans le jardin et les enfants _____ (regarder) le nouveau film de Jean Reno. Le soir, Mme Durand _____ (préparer) les sandwichs. Elle les _____ (mettre) dans le frigo. Dimanche matin, ils _____ (partir) très tôt pour aller à Tours.

AUFGABE 6 **Welches Hilfsverb musst du bei den folgenden Formen des *passé composé* einsetzen: *avoir* oder *être?* Achte auf die Angleichung des *participe passé!***

Quand est-ce qu'elle _____ parti ___ ?

Nous _____ été ___ à la maison.

Vous _____ descendu ___ à Draguignan? Vous y _____ resté ___ longtemps? Qu'est-ce que vous _____ fait ___ là-bas?

Tu _____ vu ___ la maison que mes parents _____ construit ___ ?

AUFGABE 7 **Übersetze die folgenden Sätze und schreibe sie in dein Übungsheft. Achte genau auf die Zeiten!**

Herr Dubois überquerte die Straße, als plötzlich ein schwarzes Auto ankam.
Wenn ich eingekauft habe(n werde), werde ich ins Schwimmbad gehen.
Mittwochs ging er immer ins Kino, wenn er alles vorbereitet hatte.
Letzte Woche bin ich zum Arzt gegangen, weil ich Kopfschmerzen hatte.
Sarah ist um sieben Uhr aufgestanden. Zuerst hat sie einen Tee getrunken, dann hat sie ein Schokoladenbrötchen *(un pain au chocolat)* gegessen und ist schließlich zur Arbeit gegangen.

Klassenarbeit 2

60 Minuten

AUFGABE 8 ***Futur simple*** **oder** ***imparfait?*** **Ordne die Verbformen richtig zu.**

je boirai | tu descendras | tu allais | nous craignions

vous irez | vous teniez | tu conduisais | ils comprendront

elle comprenait | il viendra | nous savions | ils prenaient

futur simple:

imparfait:

AUFGABE 9 **Ergänze die fehlenden Verbformen.**

infinitif	*présent*	*passé composé*
réfléchir	il	vous
offrir	vous	tu
	nous	j'ai commencé
manger	nous	ils
devoir	il	tu
	elle s'en va	elles
interrompre	il	je

AUFGABE 10 ***Qu'est-ce qu'ils feront après le bac?*** **Lucas und seine Freunde träumen von der Zeit nach dem Abi. Bilde Sätze nach folgendem Beispiel:** ***Quand j'aurai passé le bac, j'irai en Italie. Quand je serai allé en Italie, …*** **Schreibe in dein Übungsheft und übersetze die Sätze anschließend ins Deutsche.**

travailler pour gagner un peu d'argent – faire des études –
partir pour faire le tour du monde – voir tous les pays du monde

TESTEN

AUFGABE 11 **Setze die Verbformen ins *passé composé*. Achte dabei auf die Angleichung des *participe passé*.**

Nous cherchons ces romans policiers que Georges Simenon _____ (écrire) il y a longtemps.

Tu _____ (trouver) les clés de ta voiture que tu _____ (chercher) depuis des heures? – Heureusement, je les _____ (mettre) sur la table.

Quelle est la ville que vous _____ (aimer) le plus?

Tes mains sont sales. – Ah non, je _____ les _____ (me laver).

AUFGABE 12 **Sarah verbringt ein langes Wochenende. Setze die Verben ins *passé composé*. Achte auf die Wahl des Hilfsverbs und die Angleichung des *participe passé*.**

Samedi dernier, Sarah _____ (rester) au lit jusqu'à dix heures. Puis, elle _____ (descendre) pour prendre le petit déjeuner. Après, sa mère et elle _____ (monter). Elles voulaient ranger les chambres. Tout à coup, Sarah _____ (tomber) dans l'escalier et ensuite, elle _____ (avoir) mal à la jambe droite. Sa mère _____ (téléphoner) au médecin qui _____ (arriver) après un quart d'heure. Pauvre Sarah. Elle a la jambe cassée. Quel week-end!

AUFGABE 13 **Sébastien erzählt von seinem Urlaub in Südfrankreich. Verwende das *imparfait*. Einmal jedoch musst du das *plus-que-parfait* einsetzen.**

Chaque jour, je _____ (se lever) très tard et je _____ (prendre) mon petit déjeuner à midi. Quand il _____ (faire) beau, nous _____ (aller) à la piscine. Quand il _____ (pleuvoir), nous _____ (lire) des livres ou nous _____ (regarder) la télé. Quelquefois, je _____ (jouer) à l'ordinateur ou je _____ (faire) de la musique. Comme nous _____ (trouver) des copains à côté, ma sœur et moi, nous _____ (aller) les voir souvent. Toujours la même chose, c' _____ (être) ennuyant!

AUFGABE 14 **Lucs Ferien waren nicht so langweilig. Setze die Verben im *imparfait* oder im *passé composé* ein. Unterstreiche Signalwörter. Einmal musst du das *plus-que-parfait* verwenden.**

Un jour, un monsieur __________ (frapper) à la porte. Il __________ (dire): «Vous voulez faire une visite guidée à la montagne? Votre guide, c'est moi.» Puis, ma mère __________ (répondre): «Quelle bonne idée!» Tout de suite, nous __________ (se préparer) pour l'aventure à la montagne, comme nous ne __________ (vouloir) rien oublier. Sans hésiter, nous __________ (prendre) nos sacs à dos et nous __________ (suivre) notre guide. D'abord, on __________ (aller) en bus, ensuite, on __________ (marcher) parce que notre guide __________ (vouloir) nous montrer un petit chemin dans la forêt où il y __________ (avoir) des plantes bizarres et très rares. Il __________ (être) déjà midi et il __________ (faire) très chaud. Nous __________ (avoir) très soif. On __________ (s'arrêter) pour se reposer un peu. Tout à coup, on __________ (entendre) un bruit d'enfer *(Höllenlärm)*. C' __________ (être) un rocher gigantesque qui __________ (tomber) sur le chemin. Notre guide __________ (prendre) son portable et il __________ (appeler) le secours en montagne *(Bergwacht)*. Au bout de deux heures, ils nous __________ (trouver) et on __________ (enlever) le rocher. Quelle chance! Puis nous __________ (continuer) notre excursion.

AUFGABE 15 **Übersetze den folgenden Text. Achte dabei auf die richtige Wahl von *passé composé* und *imparfait*. Markiere dazu die Signalwörter im deutschen Text.**

In meiner Jugend spielten wir jeden Samstag in einer Rockgruppe.
Eines Tages kam ein Mann, der beim Fernsehen arbeitete, in unser Dorf.
Er wollte eine Platte mit einer unbekannten Band machen und suchte schon lange Zeit.
Als wir gerade Musik machten, kam er ins Jugendhaus.
Der Mann hörte unsere Musik und fragte uns nach unserem Namen.
Vier Wochen später haben wir unsere erste Platte aufgenommen.
Letzte Woche haben wir unser neues Album veröffentlicht *(sortir)*.

3 Konditional

3.1 *Conditionnel présent* (Konditional I)

Das ***conditionnel présent*** (Konditional I) wird ähnlich wie das *futur simple* gebildet (↑ Kap. 2.4), denn es hat die gleiche Ausgangsform: Die Endungen werden an das *-r* des Infinitivs angehängt.

Die Endungen des ***conditionnel présent*** lauten wie die Endungen des *imparfait*:

Singular		**Plural**	
je	*...-r-**ais***	*nous*	*...-r-**ions***
tu	*...-r-**ais***	*vous*	*...-r-**iez***
il / elle / on	*...-r-**ait***	*ils / elles*	*...-r-**aient***

Merke: Das ***conditionnel présent*** wird gebildet, indem man an das *-r* des Infinitivs die **Endungen des *imparfait*** anhängt.

futur simple:

je regarderai	nous regarderons
tu regarderas	vous regarderez
il / elle regardera	ils / elles regarderont

imparfait:

je regard**ais**	nous regard**ions**
tu regard**ais**	vous regard**iez**
il / elle regard**ait**	ils / elles regard**aient**

conditionnel présent:

je regarder**ais**	nous regarder**ions**
tu regarder**ais**	vous regarder**iez**
il / elle regarder**ait**	ils / elles regarder**aient**
je sortir**ais**	nous sortir**ions**
tu sortir**ais**	vous sortir**iez**
il / elle sortir**ait**	ils / elles sortir**aient**

Bei Verben auf *-er* mit **zwei verschiedenen Stämmen** im Präsens wird das *conditionnel présent* wie im *futur simple* von der **1. Person Singular** abgeleitet.

acheter → j'ach**è**te → j'ach**è**terais
préférer → je préf**è**re → je préf**è**rerais
appeler → j'appe**ll**e → j'appe**ll**erais
jeter → je je**tt**e → je je**tt**erais
payer → je pa**i**e → je pa**i**erais

Bei den unregelmäßigen Verben mit **Sonderformen im *futur simple*** besteht der einzige Unterschied im *conditionnel présent* darin, dass die ***imparfait*-Endungen** angehängt werden.

être → je serais	faire → je ferais
avoir → j'aurais	savoir → je saurais
voir → je verrais	envoyer → j'enverrais
aller → j'irais	vouloir → je voudrais
courir → je courrais	pouvoir → je pourrais
venir → je viendrais	tenir → je tiendrais
devoir → je devrais	
s'asseoir → je m'assiérais	
mourir → je mourrais	
il faut → il faudrait	il pleut → il pleuvrait

Das ***r*** ist das Kennzeichen von ***futur simple*** und von ***conditionnel présent***.
Das ***r*** unterscheidet aber auch deutlich ***imparfait*** und ***conditionnel*** voneinander, obwohl die Endungen gleich sind.

futur simple:	il di**r**a – je li**r**ai – tu perd**r**as
conditionnel:	il di**r**ait – je li**r**ais – tu perd**r**ais
imparfait:	il di**s**ait – je li**s**ais – tu per**d**ais

WISSEN

ÜBUNG 1 **Bilde zuerst das *futur simple* und dann das *conditionnel présent*.**

	futur simple	*conditionnel présent*
tu dors →		
elles finissent →		
il a →		
vous allez →		
tu vois →		
je suis →		
il fait →		

ÜBUNG 2 **Bilde die Formen des *conditionnel présent* und des *imparfait*.**

infinitif	*conditionnel présent*	*imparfait*
préférer	je	je
vouloir	ils	ils
pleuvoir	il	il
falloir	il	il
pouvoir	vous	vous
mettre	elles	elles
devoir	tu	tu
perdre	elle	elle
comprendre	nous	nous
venir	ils	ils
voir	tu	tu
ouvrir	j'	j'

3.2 *Conditionnel passé* (Konditional II)

Das ***conditionnel passé*** ist eine **zusammengesetzte Verbform** wie das *passé composé*, das *plus-que-parfait* und das *futur antérieur* (↑ Kap. 2.2 und Kap. 2.4).

conditionnel passé:
j'aurais regardé – ich hätte angeschaut

passé composé:
j'ai regardé – ich habe angeschaut

plus-que-parfait:
j'avais regardé – ich hatte angeschaut

futur antérieur:
j'aurai regardé – ich werde angeschaut haben

Man bildet das ***conditionnel passé***, indem man das *conditionnel présent* von ***avoir*** oder ***être*** mit dem ***participe passé*** verbindet:

j'	***aurais***	+ ***participe passé***	j'aurais regardé
tu	***aurais***		tu aurais regardé
il / elle / on	***aurait***		il aurait regardé
nous	***aurions***		nous aurions regardé
vous	***auriez***		vous auriez regardé
ils / elles	***auraient***		ils auraient regardé

je	***serais***	+ ***participe passé***	je serais sorti(e)
tu	***serais***		tu serais sorti(e)
il / elle / on	***serait***		il / elle serait sorti(e)
nous	***serions***		nous serions sorti(e)s
vous	***seriez***		vous seriez sorti(e)s
ils / elles	***seraient***		ils / elles seraient sorti(e)s

Für das ***conditionnel passé*** gelten die gleichen Regeln wie für die anderen zusammengesetzten Zeiten *(passé composé, plus-que-parfait, futur antérieur)*, was die Verwendung des **Hilfsverbs *avoir / être*** und die **Angleichung des *participe passé*** angeht (↑ Kap.2.2).

À ta place, je n'**aurais** pas **couru** pour ne pas manquer le bus.
J'**aurais attendu** un autre bus.
Nous **aurions aimé** aller au cinéma, il nous a fallu travailler.
Nathalie **serait venu<u>e</u>** et elle **se serait amusé<u>e</u>** mais elle n'avait pas le temps.

ÜBUNG 3 Auf Track 5 hörst du Verbformen im *futur antérieur*. Wandle sie um ins *conditionnel passé*.

5

1.
2.
3.
4.
5.
6.
7.
8.

ÜBUNG 4 *Quel désordre!* Ordne die Formen nach *futur antérieur* und *conditionnel passé*. Ergänze das Subjektpronomen und schreibe den Infinitiv in Klammern dazu.

aurait fini – serons arrivés – aura trouvé – auriez dû – serez venues – seras restée – seraient tombées – aurais su – auras écrit – aura fallu – auraient fait – auront voulu – seras partie – aurais lu – auront pu – aurions eu – aura dit – aurez pris

futur antérieur	*conditionnel passé*

ÜBUNG 5 Bilde das *conditionnel passé*. Achte auf die Endung des *participe passé!*

faire: tu

venir: elles

dormir: elles

voir: je

lire: je

écrire: il

descendre: elle

aller: elle

écouter: tu

sortir: nous

ÜBEN

3.3 Gebrauch des *conditionnel*

Conditionnel als Modus

Das *conditionnel* kann dem Verb einen bestimmten **Nebensinn** geben:

- **Höfliche Bitte, Frage, Aufforderung**
  Pourrais-tu me passer le pain? – Könntest du mir das Brot reichen?
- **Wunsch**
  J'**aimerais** aller à la piscine. – Ich würde gerne ins Schwimmbad gehen.
- **Annahme** oder **Vermutung**
  Mon père ne **serait** pas content de voir mes mauvaises notes. – Mein Vater wäre wohl nicht zufrieden, wenn er meine schlechten Noten sähe.
- **Möglichkeit**
  Il **pourrait** m'aider. – Er könnte mir helfen.
- **vorsichtige Information**
  Dans cet accident, il y **aurait** 5 blessés. – Bei diesem Unfall soll es 5 Verletzte geben.

In **Bedingungssätzen** bezeichnet

- das ***conditionnel présent*** noch **Mögliches,**
  À ta place, je ne **ferais** pas de bêtises. – An deiner Stelle würde ich keine Dummheiten machen. *(Die Dummheiten sind noch möglich oder auch nicht!)*
- das ***conditionnel passé*** hingegen eine **Möglichkeit** in der **Vergangenheit**, die **nicht** mehr verwirklicht werden kann.
  À ta place, je n'**aurais** pas **fait** de bêtises. – An deiner Stelle hätte ich keine Dummheiten gemacht. *(Die Möglichkeit, die Dummheiten ungeschehen zu machen, besteht nicht mehr!)*

Conditionnel als Tempus

Als reines **Tempus** bezeichnet das *conditionnel* eine von der **Vergangenheit aus gesehene Zukunft.** Es wird vor allem in der **indirekten Rede** *(discours indirect* ↑ Kap. 7.3) verwendet, wobei

- das ***conditionnel présent*** das Futur I,
- das ***conditionnel passé*** das Futur II

ersetzt, wenn das einleitende Verb in der Vergangenheit steht.

Marie: «Je te rendrai visite début mai.»
Elle a dit **qu'**elle me **rendrait** visite début mai. – Sie hat gesagt, dass sie mich Anfang Mai besuchen werde.
Moi: «Je sortirai quand j'aurai tout fini.»
Je lui ai dit **que** je **sortirais** quand j'**aurais** tout **fini.** – Ich habe ihr gesagt, dass ich ausgehen würde, wenn ich alles fertig gemacht hätte.

ÜBUNG 6 **Welche Aufgabe hat das *conditionnel présent* in den einzelnen Sätzen?**

aus der Vergangenheit gesehene Zukunft – Möglichkeit – Höfliche Bitte / Aufforderung – Möglichkeit – Bedingung – Annahme / Vermutung – Wunsch

1. Tu pourrais me rendre mes livres?
2. Il m'a raconté qu'il passerait ses vacances à Berlin.
3. On pourrait rendre visite à Jean-Claude.
4. Vous me donneriez votre parapluie?
5. Je devrais vraiment changer d'avis.
6. À votre place, je rentrerais chez moi.
7. Dans cette pièce de théâtre, il y aurait 1000 spectateurs.
8. Ma fille n'aimerait pas sortir avec ses parents.
9. J'aimerais passer la soirée à la maison.
10. Il devrait arriver à six heures du soir.

ÜBUNG 7 **Höre dir Track 6 auf der CD an. Nadine gibt ihrem Bruder Pascal gute Ratschläge. Du hörst jeden Satz zweimal. Bilde Sätze im *conditionnel présent,* die folgendermaßen beginnen: *À ta place, je ...***

6

1. À ta place, je
2. À ta place, je
3.
4.
5.

ÜBEN

WISSEN

Wiedergabe des *conditionnel présent* im Deutschen
Das *conditionnel présent* kann also in seiner modalen Funktion vielerlei ausdrücken (z. B. Bitte, Vermutung etc.). Im Deutschen werden häufig kleine Wörter, wie z. B. ***wohl, etwa, vielleicht*** eingeschoben und das *conditionnel* wird mit ***könnte, würde, soll*** wiedergegeben.

Tu pourrais me montrer la ville? – Könntest du mir vielleicht die Stadt zeigen?

Ce serait un bon chanteur. – Er wäre wohl ein guter Sänger.

Il chanterait ce soir. – Er soll heute Abend singen.

ÜBUNG 8 **Übersetze die folgenden Sätze ins Deutsche.**

Est-ce que tu aurais du sel pour moi?

Vous pourriez m'expliquer où se trouve la Maison Carrée à Nîmes?

Vous seriez déjà prêts à partir?

Tu aurais faim?

Gérard Depardieu jouerait le rôle du Gaulois Obélix dans ce spectacle.

À ta place, je ne boirais pas d'alcool.

Il serait possible d'acheter cette robe?

ÜBUNG 9 **Übersetze. Schreibe sie in dein Übungsheft.**

Würdest du das für mich tun?
Der Schauspieler Christian Clavier soll heute nach Stuttgart kommen.
Meine Eltern wären nicht zufrieden, meine Noten zu sehen. *(content de + infinitif)*
An deiner Stelle würde ich meine Hausaufgaben machen.
Wir würden gerne heute Abend ins Kino gehen. Aber Claudine muss arbeiten.
Würdest du vielleicht auf mich warten?

3.4 Konditionales Satzgefüge

Das **konditionale Satzgefüge** besteht aus einem **Nebensatz**, der eine **Bedingung** *(wenn / falls)* ausdrückt, und einem **Hauptsatz**, der die **Folge** *(dann)* angibt.

S'il fait beau demain, je ferai une promenade. – Wenn es morgen schön ist, (dann) werde ich spazieren gehen.

Man unterscheidet **drei Arten von Bedingungen:**

- Bei Typ I ist die Erfüllung **wahrscheinlich** oder möglich: ***si + présent, futur simple.***

  Si je **peux,** je **partirai** en vacances. – Wenn ich kann, dann werde ich in Urlaub fahren.

- Bei Typ II ist die Erfüllung möglich, wird aber als **unwahrscheinlich** angesehen: ***si + imparfait, conditionnel présent.***

  Si je **pouvais,** je **partirais** en vacances. – Wenn ich könnte, würde ich in Urlaub fahren.

- Bei Typ III ist die Erfüllung ganz und gar **unmöglich** (irreal), da sie in der Vergangenheit liegt: ***si + plus-que-parfait, conditionnel passé.***

  Si j'**avais pu,** je **serais parti(e)** en vacances. – Wenn ich gekonnt hätte, wäre ich in Urlaub gefahren.

Merke: Du musst die Verwendung der Zeiten und Modi gewissenhaft einhalten, denn dies ist entscheidend für die Bedeutung!

	si-Satz	Hauptsatz	
Typ I:	*présent*	*futur simple*	Si j'**ai** le temps, je **viens.** *(→ möglich und wahrscheinlich)*
Typ II:	*imparfait*	*conditionnel présent*	Si j'**avais** le temps, je **viendrais.** *(→ möglich, aber unwahrscheinlich)*
Typ III:	*plus-que-parf.*	*conditionnel passé*	Si j'**avais eu** le temps, je **serais venu(e).** *(→ unmöglich)*

Nach ***si*** in der Bedeutung ***wenn / falls*** steht **nie Futur oder Konditional.**

Il serait triste **si** elle ne **venait** pas. – Er wäre traurig, wenn sie nicht kommen würde.

Merke: ***si*** hat drei Bedeutungen:

- ***wenn / falls*** (engl. *if*) – **Si** tu viens aujourd'hui, je serai heureuse.
- ***ob*** im indirekten Fragesatz – Il me demande **si** je viendrai demain.
- ***doch*** als Entgegnung auf eine verneinte Entscheidungsfrage – Tu n'aimes pas le fromage? – **Si.**

ÜBUNG 10 **Entscheide, um welches konditionale Satzgefüge es sich handelt: möglich und wahrscheinlich (1); möglich, aber unwahrscheinlich (2); ganz unmöglich (3).**

	(1)	(2)	(3)
1. S'il pleut, je ne sortirai pas.	☐	☐	☐
2. Si Pierre avait fait ses devoirs, le professeur aurait été content.	☐	☐	☐
3. Je ferais du ski s'il neigeait.	☐	☐	☐
4. Qu'est-ce que vous feriez si vous gagniez un million d'euros?	☐	☐	☐
5. Nous serions venus si nous avions eu le temps.	☐	☐	☐

ÜBUNG 11 **Luc und Léa überlegen, wie sie die Ferien verbringen werden. Setze richtig ein.**

Si nos parents ________ (aller) à Berlin demain, nous ________ (pouvoir) faire une fête avec nos amis.

Si nos amis ________ (préparer) la boum avec nous, on ________ (avoir) une soirée très agréable.

Si nous ________ (faire) un voyage au bord de la mer, nous ________ (se baigner) souvent.

On ________ (manger) une glace s'il ________ (faire) chaud.

ÜBUNG 12 **Die Eltern von Sabine wollen vom Land in die Stadt ziehen. Sie stellt sich ihr neues Leben in der Stadt vor.**

Si j' habitais (habiter) en ville, je ne pourrais plus (ne plus pouvoir) voir mes amis tous les jours.

Je ________ (être) très triste si nous ________ (quitter) notre petit village.

Chaque jour, je ________ (devoir) aller à l'école sans mes amis si mes parents ________ (décider) de quitter vraiment la campagne.

Mais si les vacances ________ (arriver), tous mes amis ________ (venir) me voir!

ÜBUNG 13 **Ergänze den Hauptsatz mit *futur simple, conditionnel présent* oder *conditionnel passé*.**

S'il fait beau demain, ______________________

Si Claude et Luc avaient eu le temps,

____

Si nous étions en vacances d'été,

____

ÜBUNG 14 **Wenn das Wörtchen „wenn" nicht wär' ... Claire muss die Klasse wiederholen. Nun macht sie sich Vorwürfe. Bilde *si*-Sätze mit *plus-que-parfait* und *conditionnel passé* (Typ III). Schreibe in dein Übungsheft.**

1. si – je – faire – mes devoirs, / je – comprendre – les problèmes de maths
2. si – je – ne pas sortir – tous les après-midis, / je – apprendre – les mots allemands
3. mes amis et moi – nous – pouvoir travailler ensemble / si – je – vouloir travailler
4. si – je – ne pas téléphoner – pendant des heures à mes amies, / je – passer – mon temps à travailler plus
5. je – quitter la maison – avec mes amis / si – je – terminer – mes devoirs

ÜBUNG 15 **Bilde sinnvolle Sätze aus den Satzschnipseln. Schreibe die Sätze in dein Übungsheft. Bestimme die Zeiten und die Art des Satzgefüges (Typ I, II oder III).**

***si*-Sätze**	**Hauptsätze**
s'il avait fait beau	tu pourrais perdre des kilos
si je faisais une fête	je lui rendrais ses CD
si tu mangeais moins de frites	le prof te donnera une punition *(Strafarbeit)*
si tu continues à faire des bêtises	j'inviterais Jeanne
si Nicole passait cet après-midi	nous serions allés au parc

WISSEN +

Im Französischen kann *wenn* mit *si* oder mit *quand* wiedergegeben werden:

- Bei *wenn = falls* handelt es sich um einen **Bedingungssatz**, dann steht *si*.
  Si tu as de la chance, tu gagneras le gros lot. – **Wenn (falls)** du Glück hast, wirst du das große Los ziehen.
- Bei *wenn = jedes Mal, wenn* bzw. *immer, wenn* handelt es sich um einen **Temporalsatz** (zeitlichen Nebensatz), dann steht *quand*.
  Quand Georges est à la maison, toute la famille est contente. – **Wenn (immer, wenn)** Georges zu Hause ist, ist die ganze Familie zufrieden.

ÜBUNG 16 **Setze *quand* oder *si* in die Lücken ein.**

______ il parle allemand, je lui réponds toujours en allemand.

______ vous arrivez à temps, nous pourrons visiter la cathédrale.

______ mes parents ne me défendent pas d'aller au cinéma, j'irai ce soir.

______ il fait beau pendant les vacances, j'irai à la plage chaque matin.

______ il fait chaud, je pense aux vacances.

ÜBUNG 17 **Unterscheide die drei Bedeutungen von *si*. Übersetze dazu die folgenden Sätze ins Deutsche und schreibe sie in dein Übungsheft.**

Tu ne travailles pas aujourd'hui? – Si, je travaille toute la journée.
Si j'ai le temps, je lirai un roman policier.
Il me demande toujours si je viendrai cet après-midi.
Nos amis nous ont demandé si nous passerions une année scolaire en France.

ÜBUNG 18 **Die Freunde kennen sich nicht gut in der Verwendung von *futur* und *conditionnel* aus. In die folgenden Sätze haben sich acht Fehler eingeschlichen. Streiche sie durch und schreibe die verbesserten Sätze in dein Übungsheft.**

ACHTUNG FEHLER

Paul: «Qu'est-ce que vous faisiez si vous auriez oublié de faire vos devoirs?»

Nadine: «Je le dirai au prof.»

Claude: «Moi, j'aurai pris le cahier de mon voisin ...»

Étienne: «Chut! Ce ne sera pas correct! Il fallait dire la vérité au prof. Quand tu lui disais la vérité, il ne te donnerais pas de punition!»

Klassenarbeit 1

45 Minuten

AUFGABE 1 Übertrage die unten begonnene Tabelle in dein Übungsheft und ordne die folgenden Formen richtig ein.

il ferait – nous aurions pensé – elle était – vous trouveriez – ils finissaient – elle dormirait – tu serais – ils enverraient – elles auraient quitté – elle sortait – vous seriez arrivés – ils viendront – j'aurais cherché – tu mangeras – elle aurait bu – il descendra – je buvais

conditionnel présent	*conditionnel passé*	*futur simple*	*imparfait*

AUFGABE 2 Verbinde die passenden Haupt- und Nebensätze miteinander.

Si j'avais un ordinateur et l'internet,

Si tes amis avaient eu envie de t'accompagner,

Si tes voisins te dérangeaient *(stören)*,

Si Laurence avait participé au match de tennis,

tu serais allé chez ta tante.

je téléchargerais *(herunterladen)* des chansons de Mickey 3D.

elle aurait peut-être gagné.

il faudrait le dire au propriétaire.

AUFGABE 3 Adrien möchte Nathalie eine Freude machen und schlägt ihr Verschiedenes vor.

Si tu voulais (vouloir), on irait (aller) au théâtre.

Si tu ______ (vouloir), on ______ (visiter) une exposition.

S'il ______ (faire) beau, nous ______ (aller) à la montagne et nous ______ (faire) un pique-nique.

S'il ______ (pleuvoir), on ______ (manger) au restaurant et on ______ (regarder) un film intéressant à la télé.

TESTEN

AUFGABE 4 **Albert hat sich das Bein gebrochen und ärgert sich nun über den Gips.**

Si je ne m'étais pas cassé la jambe ...

(je – pouvoir) j'aurais pu ______ faire du foot.

(je – monter) ______ à cheval.

(nous – faire) ______ un voyage en Amérique du Sud.

mes copains et moi, (nous – passer) ______ deux semaines dans une colonie de vacances.

mes amis (ne pas venir) ______ me voir tous les jours.

ma mère (ne pas apporter) ______ de glace.

AUFGABE 5 **Mme Picard ärgert sich über die Nachbarskinder. Setze *si* oder *quand* ein und achte auf die Zeiten *(présent, futur simple, imparfait, conditionnel présent / passé)!***

______ les enfants des voisins ______ (rentrer) du collège, ils ______ (rester) toujours à l'entrée de l'immeuble et ils ______ (faire) beaucoup de bruit.

______ leurs parents ______ (ne pas être) à la maison, ils ______ (faire) toujours la fête.

______ ces jeunes ______ (continuer) à faire des bêtises, je ______ (parler) à leurs parents.

______ leurs parents ______ (ne pas vouloir) m'écouter, je ______ (devoir) aller chez le propriétaire de l'immeuble.

______ je ______ (savoir) que ces voisins étaient si difficiles, je ______ (ne pas prendre) cet appartement et je ______ (chercher) un autre appartement.

AUFGABE 6 **Übersetze die folgenden Sätze und schreibe sie in dein Übungsheft.**

Wenn ich Zeit hätte, würde ich Italienisch lernen.
Wenn es regnet, kommt mein Hund Robby immer ins Haus.
Wenn ich meine Aufgaben gemacht hätte, hätte der Lehrer mir die Strafarbeit *(la punition)* nicht gegeben.
Bei dem Unfall soll es zwei Verletzte geben.

Klassenarbeit 2

60 Minuten

AUFGABE 7 **Bilde zu den Verbformen die entsprechenden Formen des *conditionnel présent* und des *conditionnel passé*.**

	conditionnel présent	*conditionnel passé*
elle reste		
tu dis		
je mets		
nous pouvons		
je vais		

AUFGABE 8 **Ergänze die Verbformen mit den Endungen aus den Wölkchen. Lege anschließend in deinem Übungsheft eine Tabelle mit den folgenden drei Spalten an: *imparfait, futur simple, conditionnel présent*. Ordne nun die Verbformen richtig zu. Bei zwei Formen gibt es mehrere Möglichkeiten.**

-ais -ai -aient -iez -a

-a -as -ait -ions

je buv	il ser	elle sort
il dormir	tu descendr	nous manger
vous trouver	je fer	ils finiss

AUFGABE 9 **Paul hat Ferien. Bei dem heißen Wetter hat er zu nichts Lust. Seine Mutter gibt ihm Ratschläge. Setze die Verben in der richtigen Form ein.**

À ta place, je ______ (rester) dans ma chambre au frais.

À ta place, je ______ (lire) un livre ou je ______ (regarder) un film intéressant.

À ta place, je ______ (aller) à la piscine et je ______ (se baigner).

À ta place, je ______ (manger) une grande glace.

À ta place, je ______ (faire) une excursion avec mes amis.

TESTEN

AUFGABE 10 **Paul findet, dass die Ferien viel zu schnell vorbei sind. Ergänze die folgenden Sätze mit dem *conditionnel passé*.**

Si les vacances avaient duré plus longtemps, ...

je ______ (aller) au bord de la mer.

je ______ (faire) un voyage en Espagne.

je ______ (visiter) Madrid.

je ______ (travailler) pour gagner de l'argent.

AUFGABE 11 **Welche Satzteile gehören zusammen? Verbinde sie zu sinnvollen Sätzen und bestimme anschließend die Art des konditionalen Satzgefüges (Typ I, II oder III).**

1. Si tu prends la deuxième rue à droite ...	le prof serait content.
2. Si vous faisiez vos devoirs ...	je serais sorti tous les soirs.
3. Si ma famille avait vécu à Paris ...	elle aurait été prof de latin.
4. Si ta sœur avait terminé ses études ...	je ferai un voyage dans le Midi de la France.
5. S'il fait beau le week-end ...	tu arriveras à la mairie.

Typ I (möglich und wahrscheinlich): ______

Typ II (möglich, aber unwahrscheinlich): ______

Typ III (ganz und gar unmöglich): ______

AUFGABE 12 **Bilde konditionale Satzgefüge im angegebenen Typ (s. Aufgabe 11).**

Typ I: Si – je – jouer – de la guitare / mes amis – me – admirer

______

Typ II: Si – nous – avoir – le temps / nous – rendre visite – à ma grande-mère

______

Typ III: Si – on – quitter – le village / on – commencer – une nouvelle vie

______

TESTEN

AUFGABE 13 **Lisa und Antoine verabreden sich. Setze die angegebenen Verben in der richtigen Form ein bzw. ergänze *si* oder *quand*.**

Lisa: «Tu n' ________ (avoir) pas envie de sortir avec moi ce soir, Antoine?
Cela me ________ (faire) plaisir, on ________ (pouvoir) faire un tour en ville, ________ (si / quand) tu ________ (vouloir) et ________ (si / quand) tu ________ (avoir) le temps.»

Antoine: «Avec plaisir. J' ________ (aimer) t'accompagner. On ________ (pouvoir) aller au cinéma, ________ (si / quand) il y ________ (avoir) un film intéressant.»

Lisa: «C'est une bonne idée! ________ (si / quand) tu ________ (être) d'accord, nous ________ (pouvoir) boire un coca chez Nicolas. On ________ (partir) ________ (si / quand) tu ________ (être) prêt.»

Antoine: «Je ________ (passer) ________ (si / quand) tu ________ (vouloir).»

AUFGABE 14 **Übersetze die folgenden Sätze ins Deutsche und schreibe sie in dein Übungsheft. Achte besonders auf das Wörtchen *si!***

Mes parents m'ont demandé si tu aimais nous accompagner à la gare pour aller chercher ma tante.
Je chanterais avec plaisir, si la ville de Lyon organisait une fête de la musique.
C'est toujours comme ça! Tu ne travailles jamais. – Si, je travaille.

AUFGABE 15 **Wenn das Wörtchen „wenn" nicht wär' … Übersetze die folgenden Sätze und schreibe sie in dein Übungsheft. Notiere jeweils die Art des konditionalen Satzgefüges (Typ I, II oder III).**

Wenn Louis in einer Bäckerei arbeiten würde, dann müsste er um 2 Uhr morgens aufstehen.
Wir fahren morgen in die Berge, wenn es nicht regnet.
Wenn ich studiert hätte, dann wäre ich Ingenieur geworden.
Ich hätte das Menü zu 60 € gegessen, wenn ich genug Geld gehabt hätte.
Claudine würde gerne Spanisch lernen, wenn es an der Schule einen Spanischkurs gäbe.

Subjonctif

4.1 Regelmäßige *subjonctif*-Formen

Der *subjonctif* ist eine Verbform, die im Deutschen keine Entsprechung hat. Er wird zwar oft als Konjunktiv bezeichnet, aber ganz anders als der deutsche Konjunktiv verwendet (z. B. in der indirekten Rede).

Il faut que tu **viennes** à la maison.
Il est nécessaire que je **réponde** à ta lettre.

Er sagt, dass er **abreise.** *(= Konjunktiv)*
Il dit qu'il **part.** *(= Indikativ)*

Der *subjonctif* steht in der Regel in Nebensätzen, die durch die **Konjunktion** *que* eingeleitet werden (↑ Kap. 4.3).

Je veux **que** vous **rentriez** à la maison.

Die Formen des *subjonctif* lassen sich bei den meisten Verben leicht ableiten. Man geht von der **3. Person Plural Präsens** aus, streicht die Endung und erhält so den ***subjonctif*-Stamm.** An diesen fügt man die folgenden **Endungen** an:

Singular		**Plural**	
je	*...-e*	*nous*	*...-ions*
tu	*...-es*	*vous*	*...-iez*
il / elle / on	*...-e*	*ils / elles*	*...-ent*

Verben auf -er:
ils regardent → regard-

je regard**e**	nous regard**ions**
tu regard**es**	vous regard**iez**
il / elle / on regard**e**	ils / elles regard**ent**

Verben auf -dre:
ils entendent → entend-

j'entend**e**	nous entend**ions**
tu entend**es**	vous entend**iez**
il / elle / on entend**e**	ils / elles entend**ent**

Beachte: Manche *subjonctif*-Formen gleichen den Verbformen anderer Zeiten:
- Bei den **Verben auf *-er*** sind sie im **Singular** und in der **3. Person Plural** gleich wie die **Präsensformen.**
- Bei den anderen Verbgruppen ist die **3. Person Plural** gleich wie die **Präsensform.**
- Bei ***nous*** und ***vous*** entsprechen sie den Formen des ***imparfait.***

Verben auf -ir:
ils sortent → sort-

je sort**e**	nous sort**ions**
tu sort**es**	vous sort**iez**
il / elle / on sort**e**	ils / elles sort**ent**

ils finissent → finiss-

je finiss**e**	nous finiss**ions**
tu finiss**es**	vous finiss**iez**
il / elle / on finiss**e**	ils / elles finiss**ent**

Merke: Diese Grundregel zur Bildung des *subjonctif* gilt für alle regelmäßigen, aber auch für die meisten unregelmäßigen Verben.

lire:	ils lis-ent	→ que je **lise**
dire:	ils dis-ent	→ que je **dise**
mettre:	ils mett-ent	→ que je **mette**
écrire:	ils écriv-ent	→ que j'**écrive**
craindre:	ils craign-ent	→ que je **craigne**

ÜBUNG 1 Bilde zunächst die 3. Person Plural Präsens, dann den *subjonctif*.

chercher	ils cherchent	que tu cherches	qu'elles cherchent
partir	partent	que je parte	que nous partions
réfléchir	réfléchissent	qu'elles réfléchissent	qu'il réfléchisse
ouvrir	ouvrent	que vous ouvriez	que tu ouvres
attendre	attendent	qu'on attende	que vous attendiez
dire	disent	que nous disions	que je dise
écrire	écrivent	que tu écrives	que vous écriviez
lire	lisent	qu'elle lise	que tu lises
se plaindre	plaignent	qu'il plaigne	que nous plaignions

ÜBUNG 2 Indikativ Präsens oder *subjonctif*? Lege eine Tabelle mit zwei Spalten in deinem Übungsheft an und sortiere die Verbformen. Manche Formen passen in beide Spalten.

ils trouvent – tu répondes – ils réagissent – nous regardions – vous attendez – il lise – nous craignions – nous nous plaignons – elle mette – tu choisisses – tu applaudis – elles écrivent – nous répondions – elle sort – vous sortez – vous ouvriez – il lit – elle répond

ÜBUNG 3 *Quelle mère sévère!* Auf Track 7 erteilt die strenge Mme Durand ihrem Sohn Antoine und ihrer Tochter Pauline Arbeitsaufträge. Setze die Verformen ein.

7

Il faut que tu ______ les devoirs, Antoine.

Après, il faut que vous ______ vos chambres.

Il faut aussi que tu ______ une lettre à ta tante, Pauline.

Il est nécessaire que vous ______ avec le chien.

Il faut que vous ______ à l'heure car il faut aussi que tu ______ le repas du soir, Pauline.

ÜBEN

4.2 Unregelmäßige *subjonctif*-Formen

Bei Verben, die zwischen **stamm- und endungsbetonten Formen** unterscheiden, wird im *subjonctif* diese Trennung beibehalten:

Infinitiv	**3. Pers. Pl. Präs.**	**stammbetont / endungsbetont**	**ebenso:**
se lever (aufstehen)	ils se lèvent	que je me lève que nous nous levions	se promener, acheter
jeter (werfen)	ils jettent	que je jette que nous jetions	appeler
boire (trinken)	ils boivent	que je boive que nous buvions	
prendre (nehmen)	ils prennent	que je prenne que nous prenions	apprendre, comprendre
recevoir (erhalten)	ils reçoivent	que je reçoive que nous recevions	devoir
venir (kommen)	ils viennent	que je **vienne** que nous **venions**	devenir, revenir, tenir
voir (sehen)	ils voient	que je voie que nous voyions	envoyer, employer, essayer, payer

Wenige Verben bilden den *subjonctif* **ganz unregelmäßig**.
Du musst sie dir besonders gut einprägen!

Infinitiv	**1. Pers. (Sg. / Pl.)**	**2. Pers. (Sg. / Pl.)**	**3. Pers. (Sg. / Pl.)**
aller (gehen)	que j'aille que nous allions	que tu ailles que vous alliez	qu'il aille qu'ils aillent
avoir (haben)	que j'aie que nous ayons	que tu aies que vous ayez	qu'il ait qu'ils aient
être (sein)	que je sois que nous soyons	que tu sois que vous soyez	qu'il soit qu'ils soient
faire (machen)	que je fasse que nous fassions	que tu fasses que vous fassiez	qu'il fasse qu'ils fassent
pouvoir (können)	que je puisse que nous puissions	que tu puisses que vous puissiez	qu'il puisse qu'ils puissent
savoir (wissen)	que je sache que nous sachions	que tu saches que vous sachiez	qu'il sache qu'ils sachent
vouloir (wollen)	que je veuille que nous voulions	que tu veuilles que vous vouliez	qu'il veuille qu'ils veuillent

ÜBUNG 4 **Finde die richtigen *subjonctif*-Formen sowie das Lösungswort.**

1. boire: il boire ✓
2. voir: nous voyions ✓
3. manger: vous mangiez ✓
4. être: il soit ✓
5. pouvoir: je puisse ✓
6. savoir: elle sache ✓
7. prendre: nous prenions
8. devoir: tu devoès ✓
9. perdre: vous perdiez ✓
10. attendre: elle attende ✓
11. finir: tu finisses ✓
12. jeter: nous jetions ✓
13. avoir: il ait ✓
14. réagir: tu réagisses ✓
15. mettre: ils mettent ✓

Lösung: mousarde de dijon
3 1 5 4 6 14 9 15 10 11 8 13 12 2 7

ÜBUNG 5 **Bilde den *subjonctif* zu den folgenden Indikativ-Formen.**

vous venez	→	ils		nous	
tu vois	→	tu		ils	
elle prend	→	il		vous	
nous pouvons	→	je		elles	
je suis	→	il		ils	
il achète	→	tu		nous	
ils paient	→	ils		vous	

ÜBUNG 6 **Suche den Außenseiter: In jeder Zeile ist eine falsche *subjonctif*-Form. Streiche die falsche Form durch und schreibe sie richtig daneben.**

ACHTUNG FEHLER

1. je prenne – il voie – elles vennent
2. il boit – nous recevions – je dise
3. nous puissions – elle ait – il écrit
4. tu fasses – vous voulez – ils sachent
5. ils choisissent – elles aient – ils veulent
6. nous réussissions – vous réfléchissez – il soit

ÜBEN

4.3 Gebrauch des *subjonctif*

Der *subjonctif* ist wie der Indikativ (Wirklichkeitsform), der Imperativ (Befehlsform) und das *conditionnel* (↑ Kap. 3.3) ein Modus: Er drückt also die **Einstellung des Sprechers zu dem Gesagten** aus.

Nadine est là. *(Tatsache → Indikativ)*
Paul est heureux que Nadine **soit** là.
(persönliche Stellungnahme → subjonctif)

Einer ***subjonctif*-Form** geht immer ein ***que*** voraus.

Il faut que tu **viennes.**

Der ***subjonctif* muss automatisch** nach **bestimmten Verben** und **unpersönlichen Ausdrücken** stehen, die die persönliche Stellungnahme zum folgenden Satz ausdrücken. Diese ***subjonctif*-Auslöser** lassen sich in drei Gruppen einteilen:

Je suis contente que mes amis **veuillent** m'accompagner.
Ma mère veut que nous **travaillions.**
Il est nécessaire que vous **appreniez** pour le contrôle.

- Ausdrücke, die einen **Wunsch**, eine **Bitte** oder einen **Vorschlag** bezeichnen.

J'aimerais que vous **veniez** à l'heure.

- Ausdrücke, die eine **Notwendigkeit** oder eine **Forderung** bezeichnen.

Il est temps que tu **sois** là.

- Ausdrücke, die eine **persönliche Stellungnahme** oder ein **Gefühl** (z. B. Bedauern, Zweifel, Zufriedenheit, Verwunderung, Angst) bezeichnen.

Je doute qu'il **ait** raison.
Nous sommes heureux que notre tante nous **rende** visite.
J'ai peur qu'il **ait** un accident.

Der ***subjonctif*** steht automatisch nach den folgenden Ausdrücken, die einen **Wunsch**, eine **Bitte** oder einen **Vorschlag** bezeichnen:

j'aimerais que	ich hätte gern
aimer bien que	gerne haben
aimer mieux /	lieber haben / vorziehen
je voudrais que	ich möchte
proposer que	vorschlagen
désirer que	wünschen

Nous aimerions que vous **écriviez** cette lettre.
Elle aime bien que nous **mangions** dans ce restaurant.
Il aime mieux / préfère qu'on **aille** dans un bistro.
Je voudrais que Monique **prenne** des photos.
Elle propose que nous **allions** dans un café.
Mon père désire que nous **partions.**

Merke: Wenn in Haupt- und Nebensatz **Subjektsgleichheit** besteht, so steht kein *que*-Satz mit *subjonctif*, sondern eine **Infinitivkonstruktion.**

Nous **aimerions faire** un voyage.
Je **voudrais accompagner** mes amis.
Tu **veux réparer** la voiture.

Der *subjonctif* steht automatisch nach den folgenden Ausdrücken, die eine **Notwendigkeit** oder eine **Forderung** bezeichnen:

il faut que	man muss / es ist nötig
il est important que	es ist wichtig
il est nécessaire que	es ist nötig
il est normal que	es ist normal
il est naturel que	es ist natürlich
il est temps que	es ist (höchste) Zeit
il vaut mieux que	es ist besser
vouloir que	wollen, dass

Il faut que tu **fasses** les devoirs.
Il est important que vous **alliez** chez le médecin.
Il est nécessaire qu'elle **finisse** son travail.
Il est normal que tu **sois** chez toi à minuit.
Il est naturel que tu **sois** fatigué.
Il est temps que les enfants **rentrent.**
Il vaut mieux que tu **corriges** tes fautes.
Je veux que vous **répariez** la voiture.

Der *subjonctif* steht automatisch nach den folgenden Ausdrücken, die eine **persönliche Stellungnahme** oder ein **Gefühl** bezeichnen:

il est dommage que	es ist schade
il est juste que	es ist gerecht
il est (im)possible que	es ist (un)möglich
il est utile que	es ist nützlich
il me plaît / cela m'amuse que	es gefällt mir
être surpris(e) que	überrascht sein
être triste que	traurig sein
être (mal)heureux / (mal)heureuse que	(un)glücklich sein
être content(e) que	zufrieden sein
être désolé(e) que	betrübt sein
craindre que	fürchten
avoir peur que	Angst haben
se plaindre que	sich beklagen
détester que	verabscheuen

persönliche Stellungnahme:
Il est dommage que tu ne **fasses** pas le contrôle de maths.
Il est juste que vous **rentriez** à la maison.
Il est possible qu'elle ne **finisse** pas son travail.
Il est utile que vous **prépariez** la pièce de théâtre.
Il me plaît que nous **jouions** au foot.

Gefühl:
Il est surpris que tu **sois** fatigué.
Je suis triste et malheureux que tu ne **viennes** pas.
Ils sont contents que les vacances **arrivent.**
Je suis désolée que vous ne **puissiez** pas réparer la voiture.
Nous craignons / avons peur qu'il y **ait** un orage (Gewitter).
Ils se plaignent que les vacances **finissent.**
Elle déteste qu'il y **ait** des araignées (Spinnen).

Der *subjonctif* steht nach dem Verb ***trouver*** in Verbindung mit einem **Adjektiv:**

trouver bon / mauvais que	gut / schlecht finden	Je trouve bon / mauvais qu'il **pleuve.**
trouver bête que	dumm finden	Nous trouvons bête qu'il **neige.**
trouver important que	wichtig finden	Il trouve important que tu **sois** sage (lieb).

ÜBUNG 7 **Übertrage die unten begonnene Tabelle in dein Übungsheft und ordne die Ausdrücke den drei Gruppen der *subjonctif*-Auslöser zu.**

je suis triste que – elle trouve bon que – nous voulons que –
il est important que – je voudrais que – il propose que – il faut que –
tu aimes mieux que – elle a peur que – elle aimerait que –
il désire que – il est utile que – vous détestez que – il vaut mieux que

Wunsch, Bitte, Vorschlag	Notwendigkeit, Forderung	Persönliche Stellungnahme, Gefühl

ÜBUNG 8 **Buchstabensalat! Finde die *subjonctif*-Formen und trage sie richtig ein.**

1. Il faut que tu sasfse fasses tes devoirs.
2. Je veux que vous paperzein appreniez le poème.
3. Il est important que tu rsotse sortes à temps *(rechtzeitig)*.
4. Il est possible que ma fille tiso soit en ville.
5. Je suis triste qu'il uelpev pleuve aujourd'hui.
6. Je préfère que tu èaesthc achètes des frites; je n'aime pas les nouilles *(Nudeln)*.

ÜBUNG 9 **Sind die folgenden Sätze richtig? Kreuze an und schreibe die verbesserten Sätze in dein Übungsheft.**

ACHTUNG FEHLER

	correct	incorrect
1. On n'aime pas que vous dormez jusqu'à midi.	☐	☐
2. Je préfère que vous faites vos devoirs.	☐	☐
3. Je pense que tu as raison.	☐	☐
4. Elle veut que vous fassiez les courses au marché.	☐	☐
5. Elle dit qu'elle passe les vacances en Italie.	☐	☐
6. Luc est malheureux que nous devons partir.	☐	☐
7. Elle est triste que Pierre ne l'aime plus.	☐	☐

ÜBEN

ÜBUNG 10 **Finde die Satzteile, die zusammengehören, und bilde damit fünf sinnvolle Sätze in der richtigen Wortstellung. Schreibe in dein Übungsheft.**

il faut que | et que Nadine soit | en France | toujours des bêtises | nous préférons que | elle trouve bête que | je suis triste que | vous travailliez | Pierre fasse | je suis contente que | tu prennes | il soit | il ait | cet anorak | en Allemagne | de bonnes notes

WISSEN

Verben des Meinens und Denkens
Die Verben und Ausdrücke des Meinens und Denkens (*croire, penser, trouver, être d'avis* usw.) stehen in der Regel mit dem **Indikativ.**

Nous croyons que tu n'**as** pas raison.
Je pense que c'**est** correct.
Tu es d'avis que ce **sont** des problèmes.

Wenn sie jedoch **verneint** verwendet werden, folgt der ***subjonctif.***

Je ne suis pas d'avis que ce **soit** correct.
Ne crois-tu pas qu'il **vienne?**

ÜBUNG 11 **Indikativ oder *subjonctif*? Setze den richtigen Modus ein.**

Je ne crois pas que le prof ______ (écrire) un contrôle aujourd'hui.

Nous trouvons qu'on nous ______ (dire) la même chose.

Elle ne pense pas que tu ______ (être) trop fatiguée.

Si tu es d'avis que ce ______ (être) correct, tu auras raison.

Maman dit qu'elle ______ (lire) un livre pendant les vacances.

ÜBEN

ÜBUNG 12 **Mme und M. Dubois schimpfen mit ihrer Tochter Fabienne. Setze den *subjonctif* ein.**

Nous n'aimons pas que tu __________ (dormir) jusqu'à midi.
Nous ne voulons pas que tu __________ (sortir) chaque soir avec tes copines.
On voudrait bien que toi et ton frère, vous __________ (ranger) vos chambres.
Nous désirons que tu nous __________ (aider) à faire le ménage *(Haushalt)* et que vous __________ (faire) les courses pour nous.
Nous pensons qu'il __________ (falloir) que les enfants __________ (vouloir) aider les parents.
Si vous pensez que nous __________ (ne pas avoir raison), vous pouvez trouver une autre solution.
Vous ne croyez pas qu' il __________ (falloir) trouver une solution?
Fabienne dit: «Je trouve bête que vous nous __________ (dire) la même chose chaque jour.»

ÜBUNG 13 **Ergänze die Sätze mithilfe der Bilder. Verwende den *subjonctif*, wenn nötig.**

Il vaut mieux que tu __________ pour aller à Paris.

Je pense que tu __________ trop de chocolat.

Je ne crois pas que ce __________ __________.

Nous voulons que vous __________ __________.

ÜBUNG 14 **M. Charles, der Mathematiklehrer, ist empört über das Verhalten seiner Schüler. Höre dir seine Moralpredigt auf Track 8 an und ergänze anschließend die nachfolgenden Verhaltensregeln im *subjonctif*. Einmal steht der Indikativ (↑ Wissen+ S. 66). Achte genau auf den Sinn!**

8

1. Je veux que vous ______ les règles pendant les cours de maths.
2. Il faut que vous tous ______ de bêtises.
3. Il faut aussi que vous ______ à l'heure le matin.
4. Je trouve bête que vous ______ des lettres à vos voisins pendant mes cours.
5. Je déteste que vous ______ tout le temps pendant mes cours.
6. J'aimerais que nous ______ des cours agréables.
7. Il est nécessaire que vous ______ les problèmes de maths.
8. Il est important que vous ______ vos devoirs à la maison chaque soir, pas avant les cours.
9. Je pense qu'on ______ bien travailler ensemble.

WISSEN +

Nach den Verben ***espérer*** und ***promettre*** steht **Indikativ,** meistens ***futur simple.***

J'espère que tu **viendras** demain.
Tu me promets que tu **seras** à la maison vers huit heures?

ÜBUNG 15 **Bilde Sätze aus den Satzschnipseln. Schreibe in dein Übungsheft.**

1. tu – il faut que – de(s) bonnes idées – avoir
2. que – nous – préférer – vous – connaître – la route – pour Brignoles
3. elle – trouver – que – ce chanteur – être super
4. que – il vaut mieux – vous – rentrer – à la maison
5. espérer – que – nous – il – faire – beau – demain

ÜBEN

ÜBUNG 16 **Christine ist verzweifelt. In ihrer Klasse macht Christian ständig Ärger. Sie schreibt einen Brief an ihre Freundin. Hier haben sich zehn Fehler bei den Verbformen eingeschlichen. Korrigiere die falschen Sätze und schreibe den Brief richtig in dein Übungsheft.**

ACHTUNG FEHLER

Chère Marie,

Christian, un élève de ma classe, a beaucoup de problèmes dans notre lycée parce qu'il fait toujours des bêtises: le prof défend que nous parlons pendant les cours d'allemand mais Christian trouve bizarre que le prof n'est pas d'accord avec nous. Christian veut que nous chantons des chansons pour agacer *(ärgern)* le prof. Il propose que nous faisons beaucoup de bruit.

Nous avons peur que le prof nous donne des punitions. Moi, je pense que Christian soit très bête. Je désire que le prof connaît toutes les bêtises de Christian. S'il ne change pas, je veux que Christian doit quitter notre classe. Je ne crois pas que nous pouvons le changer. Il faut que nous nous en sortons *(einen Ausweg finden)*. J'aimerais que vous, toi et ton frère, pourriez me donner un conseil *(Ratschlag)*. J'espère qu'on trouvera une solution. Tu me promets que tu me répondras vite?

À bientôt! Cordialement,

Christine

ÜBUNG 17 **Übersetze die folgenden Sätze und schreibe sie in dein Übungsheft.**

Es ist nötig, dass du mir zuhörst.
Ich bin der Meinung, dass Monique eine gute Lösung hat.
Glaubst du, dass wir nächstes Jahr nach Frankreich fahren?
Sabine hätte es gerne, dass Pierre Fotos macht.
Wir schlagen vor, dass ihr uns jetzt das Haus zeigt.
Ich möchte gerne, dass wir in der Schule viele Sprachen lernen können.
Er hofft, dass sie Englisch fließend sprechen wird *(parler couramment)*.
Mathilde findet es gut, dass du ein Handy hast.
Wenn du denkst, dass es heute regnet, dann hast du unrecht *(avoir tort)*.
Er will, dass wir die Blumen gießen *(arroser)*.

ÜBEN

Klassenarbeit 1

45 Minuten

AUFGABE 1 **Bilde die entsprechenden *subjonctif*-Formen.**

Indikativ	*subjonctif*	Indikativ	*subjonctif*
ils ont		elles sont	
elle part		je veux	
elles réfléchissent		ils craignent	
nous ouvrons		vous écrivez	
tu attends		je tiens	
je dis		nous buvons	
elle écrit		tu sais	
nous lisons		il peut	
il se plaint		il fait	

AUFGABE 2 **Wünsche: Setze die Verbformen im Indikativ oder im *subjonctif* ein.**

Je voudrais que mes copines ______ (venir) me voir plus souvent.

J'aimerais que les professeurs ______ (faire) attention à leurs élèves.

Je pense que les élèves ______ (pouvoir) aussi aider les professeurs à faire des projets intéressants à l'école.

Je suis contente qu'on ______ (apprendre) beaucoup à l'école.

J'espère que nous ______ (passer) les vacances en Angleterre.

Je désire qu' il ______ (faire) beau demain.

Mon frère et moi, nous aimerions bien qu'ils ______ (faire) une boum avec nos copains.

J'aimerais aussi que mes parents ______ (acheter) un petit chien pour nous.

TESTEN

AUFGABE 3 ***Vive l'amour!*** **– Es lebe die Liebe! Étienne ist in Annie verliebt. Suche jeweils das passende Verb und setze es in den** ***subjonctif,*** **wenn nötig.**

aller – oublier – devenir – être – avoir –
pouvoir – penser – devoir – falloir – être

Je désire qu'Annie _____ ma copine.

Elle pense que je _____ amoureux de Christine.

J'aime bien que nous _____ au cinéma de temps en temps.

Mes parents pensent que je _____ triste parce que j'ai écrit une mauvaise note en latin.

Mais c'est triste que je ne _____ pas être le copain de ma chère Annie.

Mes amis trouvent que je _____ trop à Annie et que je _____ les rendez-vous avec eux.

J'ai toujours peur qu'Annie _____ un autre ami et que je _____ avoir une autre copine.

Tu ne penses pas qu'il _____ trouver une autre amie.

AUFGABE 4 **Übersetze die folgenden Sätze und schreibe sie in dein Übungsheft.**

Ich bin traurig, dass sich meine Freunde über mich lustig machen *(se moquer de)*.
Meine Eltern wollen nicht, dass ich zu viele Dummheiten mache, sondern dass ich gut in der Schule lerne.
Ich mag es überhaupt nicht, dass meine Freundin sich immer mit mir streitet *(se disputer)*.
Wir wollen, dass ihr euch einigt *(se mettre d'accord)* und nicht mehr streitet.
Es ist wichtig, dass du dem anderen zuhörst *(écouter l'autre)*.
Ich habe Angst, dass heute der Rektor *(le proviseur)* kommt.
Du hoffst, dass das Wetter morgen gut ist.
Ich halte es für wichtig, dass man an andere denkt.
Ihr glaubt nicht, dass Eric heute Abend mit uns ins Kino geht.
Ich freue mich, dass wir am Wochenende einen Ausflug in die Vogesen *(les Vosges)* machen.

Klassenarbeit 2

45 Minuten

AUFGABE 5 **Bilde die gefragte Form im *subjonctif*.**

mettre:	je	prendre:	nous
sortir:	tu	savoir:	vous
lire:	elle	faire:	elles
craindre:	je	devenir:	nous
aller:	il	offrir:	vous

AUFGABE 6 **Unterscheide, ob es sich um Formen des Indikativ Präsens oder des *subjonctif* handelt. Lege dir dazu in deinem Übungsheft eine Tabelle an und ordne die Formen mit den entsprechenden Subjektpronomen ein. Eine Form ist doppeldeutig.**

puisse – écrivent – travaillez – prenne – dors – voulons – veuilles – sois – vient – compreniez – mangions – ait – apprend – sort

AUFGABE 7 **Setze das Verb im Indikativ oder im *subjonctif* ein.**

Je trouve super que mes amis ______ (aller) à Paris.

Il est possible que ma sœur ______ (devenir) une star parce qu'elle chante très bien.

Mes parents pensent qu'un voyage en France m' ______ (aider) à perfectionner mes connaissances en français.

Il vaut mieux que Fabienne ______ (réfléchir) à son avenir professionnel.

Nicolas espère qu'il ______ (devenir) pompier *(Feuerwehrmann)* un jour.

Il est nécessaire que vous ______ (corriger) vos fautes dans le contrôle de maths.

Il faut que vous ______ (respecter) les règles du jeu.

Je ne crois pas que je ______ (avoir) une bonne note.

AUFGABE 8 **Wähle das passende Verb und setze es in den *subjonctif*, wenn nötig.**

pouvoir | être | faire | devoir

J'ai peur que vous ______ trop de fautes dans ce contrôle.

Elle pense que je ______ triste parce que j'ai perdu mon passeport.

Vous ne pensez pas que les enfants ______ aider à la maison.

Nous promettons que tu ______ passer le permis de conduire à 18 ans.

AUFGABE 9 **Emma schreibt eine E-Mail an ihre Freundin Camille. Die Verwendung des *subjonctif* bereitet ihr jedoch Schwierigkeiten. Finde die Fehler und verbessere sie in deinem Übungsheft.**

ACHTUNG FEHLER

Salut Camille,
Je suis très triste que tu ne me rends pas visite ce week-end. Je pense que tu n'aies pas envie de faire ce long voyage à Lille, mais j'espère que tu changeras d'avis et que tu viendras me voir bientôt!
À présent, il faut beaucoup travailler pour mon bac. J'ai beaucoup de stress. C'est pourquoi, j'ai commencé à fumer. Mes parents détestent que j'ai commencé à fumer, mais tous mes amis le font.
Tu me promets que nous passions le week-end prochain ensemble? Comme ça, il serait possible que nous apprenons nos leçons toutes les deux.
Bisous Emma

AUFGABE 10 **Übersetze die folgenden Sätze und schreibe sie in dein Übungsheft.**

Es ist Zeit, dass ihr geht, denn es ist sehr spät.
Meine Eltern erlauben es nicht, dass wir das Auto nehmen.
Wir wissen, dass er seine Versprechen immer hält.
Ich hoffe, dass er auf meinen Brief antwortet.
Er glaubt nicht, dass Sie die Wahrheit sagen.
Antoine schlägt vor, dass wir in ein Café gehen und dort ein Eis essen.
Es ist normal, dass er zu spät kommt.
Es tut mir leid, dass du Kopfweh hast.
Sie hat Angst, dass ihr Bruder einen Unfall gehabt hat.
Meine Freunde bezweifeln, dass ich für die Prüfung genug lerne.

5 Pronomen

5.1 Direkte und indirekte Objektpronomen

Im Französischen wird das **direkte Objekt** (Akkusativ: *wen oder was?*) **ohne Präposition** an das Verb angeschlossen.

Je regarde **le livre de maths.** *(dir. Obj.)*

Das **indirekte Objekt** (Dativ: *wem?*) wird dagegen **mit Präposition** angefügt.

Ils donnent le livre **à Marie.** *(indir. Obj.)*

Objekte können durch **Objektpronomen** vertreten werden (Angleichung des Partizips ↑ Kap. 2.2).

Direkte Objektpronomen:

Singular	**Plural**
me	*nous*
te	*vous*
le / la	*les*

Tu vois le frère de Nicole? – Oui, je **le** vois dans le jardin.
Vous connaissez mes parents? – Non, je ne **les** connais pas.

Indirekte Objektpronomen:

Singular	**Plural**
me	*nous*
te	*vous*
lui	*leur*

Tu écris une lettre à tes grands-parents? – Oui, je **leur** écris une lettre.
Il donne des fleurs à Marie? – Oui, il **lui** donne des fleurs.

Merke: me, te, nous, vous können sowohl direktes als auch indirektes Objekt sein.

Tu **me** connais depuis peu. *(dir. Obj.)*
Cette robe **me** plaît. *(indir. Obj.)*

Vor Vokal und stummem *h* wird apostrophiert:
***me* → *m'*, *te* → *t'*, *le / la* → *l'*.**

Tu **m'**as appelé.
Je **t'**ai vu.
La lettre? Je **l'**écrirai ce soir.

Achtung: Die Verbergänzung im Französischen stimmt häufig, aber nicht immer mit der deutschen Ergänzung überein. Lerne deshalb immer ein Verb zusammen mit seiner Ergänzung!

Je **leur** téléphonerai demain. *(indir. Obj.)* – Ich werde **sie** morgen anrufen. *(dir. Obj.)*

Elle **les** aide. *(dir. Obj.)* – Sie hilft **ihnen.** *(indir. Obj.)*

Merke dir besonders:

aider qn	jemandem helfen
écouter qn	jemandem zuhören
demander à qn	jemanden fragen / bitten
téléphoner à qn	jemanden anrufen

Je **l'**écoute. *(dir. Obj.)* – Ich höre **ihm** zu. *(indir. Obj.)*

Tu **le lui** demandes. *(dir. Obj. + indir. Obj.)* – Du fragst **es ihn / sie.** *(dir. Obj. + dir. Obj.)*

Das **Objektpronomen** steht in der Regel **vor dem konjugierten Verb.**

Cette robe **me** plaît. Je **l'**achète.
Tu as vu mon stylo? – Oui, je **l'**ai vu.
Vous donnez les verres à vos amis? – Oui, on **leur** donne les verres.

Achtung: Bei Verben mit Infinitivanschluss steht das Objektpronomen **vor dem Infinitiv** (*pouvoir / vouloir / savoir / aller / il faut* + Objektpronomen + Infinitiv).

Le film? Je veux **le** regarder.
Tu peux **m'**aider?
La fille ne sait pas **l'**ouvrir.

Stehen **mehrere Objektpronomen**, musst du dir genau überlegen, ob es sich um ein direktes oder ein indirektes Objektpronomen handelt. Jedes Objektpronomen hat seine feste Stellung im Satz:

- Die **indirekten** Objektpronomen ***me, te, nous, vous*** stehen **vor den direkten** Objektpronomen ***le, la, les:***
me, te, nous, vous* + *le, la, les

Il **me le** demande.
Nous **te la** donnons.
Nadine **nous les** rend aujourd'hui.
L'apéritif? Je **vous l'**offre tout de suite.

- Die **indirekten** Objektpronomen *lui* und *leur* stehen **nach den direkten** Objektpronomen ***le, la, les:***
le, la, les* + *lui, leur

Il **le lui** demande.
Nous **la lui** donnons.
Elle **les leur** rend aujourd'hui.
L'apéritif? Je **le leur** offre tout de suite.

Diese Reihenfolge gilt auch, wenn die Objektpronomen vor einem Infinitiv stehen.

Il veut **me le** demander.
Nous pouvons **vous le** rendre.
Elle veut **les leur** rendre.
Je vais **le leur** offrir tout de suite.

Achtung: Das Objektpronomen *leur* hat **nie ein *s!*** Verwechsle es nicht mit dem Possessivbegleiter *leur / leurs!*

Je vais **leur** montrer leurs chambres.

Die **Verneinung** umschließt das konjugierte Verb. Wenn die **Objektpronomen vor dem konjugierten Verb** stehen, so werden auch sie von der Verneinung **umklammert.**

Je **ne le lui** demande **pas.**

Nous **ne le leur** avons **plus** demandé.

Vous ne pouvez pas **la lui** donner.

- Beim **verneinten Imperativ** stehen die Objektpronomen wie beim Aussagesatz **vor dem Verb.**

Ne **l'**achète pas.
Ne **les leur** donnez pas.
Ne **me la** montre pas.

- Beim **bejahten Imperativ** werden die Objektpronomen hinter dem Imperativ **mit einem Bindestrich** angefügt. Dabei werden *me* und *te* zu *moi* und *toi.* Das direkte Objekt steht hier dem Imperativ am nächsten.

Achète-**la.**
Donnez-**les-leur.**
Montre-**la-moi.**
Dépêche-**toi.**

ÜBUNG 1 **Ergänze die fehlenden Objektpronomen. Ein Pronomen bleibt übrig.**

la - le - leur - lui - moi - le - les - la - te - la - vous

Il ______ donne la robe.	Carla Bruni, je ______ trouve extra!
Le foot ______ plaît, Pierre?	Donne- ______ le livre.
Je ______ montre la photo, Luc et Tim?	Tu ______ as téléphoné?
La voiture? Vous allez ______ acheter?	Les fleurs, je ______ adore.
C'est Luc. Tu vas ______ aider?	La bouteille? On ______ ouvre.

ÜBUNG 2 **Beantworte die Fragen und ersetze dabei die hervorgehobenen Satzglieder durch Pronomen. Die Gesichter zeigen dir, ob du eine positive oder negative Antwort geben sollst. Achte auf die Stellung der Pronomen! Schreibe in dein Übungsheft.**

1. Tu montres les livres à Pascal? ☺
2. Vous me donnez la BD? ☹
3. Marie peut nous expliquer les devoirs? ☺
4. Elle le demandera plus tard à Nicole? ☹
5. Luc vous a envoyé le cadeau? ☹
6. Sabine nous présente Laurent? ☺
7. Vous racontez cette histoire à Marc? ☹
8. Elle t'a écrit la lettre? ☹
9. Paul va offrir les disques aux enfants? ☺
10. Vous allez nous acheter la voiture? ☺
11. Ils rendent les vélos à Lisa et Luc? ☹
12. Elles nous présentent à Étienne? ☺

WISSEN

Die Kombination macht's!
Du kannst **nur bestimmte** Pronomen miteinander kombinieren:
- ***me, te, nous, vous*** mit ***le, la, les*** (Gruppe I: indirekt + Gruppe II: direkt),
- ***le, la, les*** mit ***lui, leur*** (Gruppe II: direkt + Gruppe III: indirekt)

Merke dir besonders:
présenter qn à qn – jdm. jdn. vorstellen

Gruppe I + II:	*Gruppe II + III:*
Il **me** **le** donne.	Je **le** **lui** montre.
te **la**	**la** **leur**
nous **les**	**les** **lui**

Il **me le** présente. – Er stellt ihn mir vor. *(I + II)*
Elle **le lui** présente. – Sie stellt ihn ihm / ihr vor. *(II + III)*
aber: Il **me** présente **à elle.** – Er stellt mich ihr vor. *(I + III ist nicht möglich!)*

ÜBUNG 3 **Bilde Sätze und schreibe sie in dein Übungsheft. Achte auf die Wortstellung und auf die Endungen des *participe passé*!**

1. jamais – nous – veut – expliquer – le – Marie – ne
2. va – me – vendre – les – M. Leclerc
3. acheté – leur – as – la – tu – la semaine dernière
4. ne – raconté – le – jamais – elles – ont – lui
5. Claire – ce matin – montré – nous – a – la
6. donner – les – pouvez – leur – vous

WISSEN +

Die Pronomen tanzen aus der Reihe!
Bei den folgenden Konstruktionen stehen die Objektpronomen **nicht vor dem Infinitiv:**

faire faire qc	(veran)lassen	Je **le** fais travailler.
laisser faire qc	(zu)lassen	Vous **les** laissez dormir? – Non, nous ne **les** laissons pas dormir.
écouter / entendre qn faire qc	zuhören / hören, wie jmd. etw. tut	Je **l'**écoute chanter. Nous **les** entendons crier.
regarder / voir qn faire qc	zusehen / sehen, wie jmd. etw. tut	Elle **nous** voit aller à la piscine. Il **te** regarde faire les devoirs.

ÜBUNG 4 **Übersetze die folgenden Sätze und schreibe sie in dein Übungsheft.**

Willst du die CDs den Kindern schenken *(offrir)*? – Nein, ich will sie ihnen nicht schenken.
Habt ihr eure neuen Kleider euren Freunden gezeigt? – Ja, wir haben sie ihnen gezeigt.
Gib es (das Buch) ihm nicht, gib es mir!
Ich kann mir die Haare schneiden *(couper les cheveux)*, aber du lässt dir sie immer schneiden.
Ich höre sie (die Hunde) kommen.
Habt ihr eurem Bruder die Geschichten vorgelesen? – Nein, wir haben sie ihm noch nicht vorgelesen, aber heute Abend werden wir sie ihm erzählen.
Der Lehrer lässt ihn arbeiten. Er lässt ihn nicht im Unterricht schlafen.
Kannst du mich eurem Freund Luc vorstellen? – Ja, ich kann dich ihm vorstellen.

5.2 Die Adverbialpronomen *y* und *en*

Das Pronomen *y*	
▪ ersetzt **Ortsangaben,** die auf die Frage *wo?* oder *wohin?* stehen. Diese können mit ***à, en, chez, dans, sur, sous*** usw. eingeleitet werden. Man kann *y* mit „dort / dorthin“ übersetzen, gelegentlich wird es im Deutschen gar nicht wiedergegeben.	Tu ne pars pas pour Lyon? – Si, j'**y** vais. Vous allez partir en Italie cette année? – Oui, nous allons **y** partir au mois d'août. Le chat dort sous le lit? – Non, il n'**y** dort pas. Vous avez oublié le portable dans le bus? – Oui, j'**y** ai oublié le portable.
▪ kann auch andere **Ergänzungen mit *à*** ersetzen und wird dann mit „daran“ übersetzt (übertragener Sinn).	Tu penses aux vacances? – Oui, j'**y** pense tout le temps.
Merke: Besonders häufig sind die folgenden Wendungen mit ***y:***	
Ortsangabe + ***il y a*** – es gibt	Dans la cuisine, **il y a** des croissants.
On y va. – Gehen wir! Auf geht's!	Il est temps d'aller à la maison. On **y va.**
Vas-y. – Geh'! Auf geht's! (*s* als Bindekonsonant!)	Dépêche-toi. **Vas-y.**
Allez-y. – Geht! Auf geht's!	Dépêchez-vous. **Allez-y.**
Das Pronomen *en* ersetzt **Ergänzungen mit der Präposition *de*.** Es steht daher	
▪ bei **Ortsangaben,** die auf die Frage *woher?* oder *wovon?* stehen; ***en*** kann man dann mit „von dort“ übersetzen;	Vous venez de Paris, Mme Legrand? – Oui, j'**en** viens. (von dort)
▪ beim **Teilungsartikel** *(du, de la, de l')*; ▪ beim **unbestimmten Artikel** *(un, une, des)*; ***en*** wird hier mit „davon“ übersetzt, häufig bleibt es jedoch unübersetzt!	Tu prends du café? – Oui, j'**en** prends. Elle prend des citrons? – Oui, elle **en** prend. (Sie nimmt welche / davon.) Tu achètes des pommes? – Non, je n'**en** achète pas. (Nein, ich kaufe keine.)
▪ bei **Mengenangaben mit *de*** (z. B. *beaucoup de, ne ... pas de* (= Nullmenge) etc.). Wenn *en* ein Nomen mit Zahlwort, Mengenangabe oder Mengenwort vertritt, müssen diese Zahl- und Mengenwörter nach dem Verb wiederholt werden.	Tu prends beaucoup de tomates? – Oui, j'**en** prends **beaucoup.** Tu achètes une salade? – J'**en** achète **une.** Il n'a pas d'argent? – Non, il **n'en** a **pas.**
▪ bei **Verben mit *de* als Ergänzung** (z. B. *parler de*); es bedeutet dann „darüber / davon“.	Elles ont parlé du CD de Zazie? – Elles **en** ont parlé.
Achtung: Das **Pronomen *en*** steht immer vor einem **Verb,** die **Präposition *en*** steht immer vor einem **Substantiv.**	J'**en mange.** – Ich esse davon. Il va **en France.** – Er geht nach Frankreich.

Die Pronomen *y* und *en* ersetzen **keine Personen!** Stattdessen steht **Präposition + unverbundenes Personalpronomen** *(moi, toi, lui / elle, nous, vous, eux / elles)*!	Vous pensez à Claude et à Frank? – Oui, nous pensons **à eux.** Elle ne pense jamais à Mathilde? – Si, elle pense toujours **à elle.** Tu parles de Lucille et de Nicole? – Non, je ne parle pas **d'elles.**
Für die **Stellung von *y* und *en*** gelten die gleichen Regeln wie für die Objektpronomen. Sie stehen also ■ vor dem **konjugierten Verb;**	Des frites? Oui, j'**en** prends encore. Tu **y** vas?
■ innerhalb der **Verneinung** (*ne ... pas, ne ... plus* etc.);	Non, je n'**en** prends plus. Je n'**y** pense pas.
■ bei Verben mit **Infinitivergänzung** vor dem Infinitiv;	Je voudrais **en** manger. Il vaut mieux **y** penser.
■ beim **verneinten Imperativ** vor dem Verb;	N'**en** achète pas. N'**y** pensez pas.
■ beim **bejahten Imperativ** nach dem Verb mit Bindestrich.	Mangez-**en.** Allez-**y.**

Achtung: Stehen **mehrere Pronomen** in einem Satz, dann stehen *y* und *en* immer an letzter Stelle!

Merke dir die **Flagge** der Objektpronomen:

me				
te	*le*	*lui*		
se	*la*		*y*	*en*
nous	*les*	*leur*		
vous				

Il te donne des pommes? – Oui, il **m'en** donne sept.
Il **leur en** achète assez.
Marc veut **les y** mettre.
Nous voulons **vous y** suivre.
Il y a encore des bananes? – Oui, il **y en** a encore trois. – Et des pommes? – Non, il n'**y en a** plus.

In der Wendung *il y a* steht immer *y* **vor** *en.*

Merke: en vor *y* gibt es nie!

ÜBUNG 5 **Ersetze die rot markierten Satzteile durch *y* oder *en*.**

1. Il ne parle pas de ses vacances.
2. Maman ne veut pas aller à Paris.
3. Pierre a acheté du vin.
4. Vous pensez à l'anniversaire de Paul.
5. Vous avez deux chiens.
6. Elles ont beaucoup d'argent.
7. Nous n'allons pas prendre de légumes.
8. La souris se trouve devant l'ordinateur.

ÜBUNG 6 **Beantworte die Fragen mit *y* oder *en*.**

1. Vous avez acheté des tomates? –
   Oui, nous .

2. Il y a encore des croissants?–
   Oui, .

3. Elle a beaucoup de bonbons? –
   Non, .

4. Tu penses aux vacances? –
   .

5. Vous avez déjà acheté des pommes? –
   .

ÜBUNG 7 ***Au restaurant:*** **Höre dir Track 9 auf der CD an, dort werden Fragen gestellt. Beantworte sie und ergänze dabei die fehlenden Objektpronomen (↑ Kap. 5.1) und Adverbialpronomen.**

9

1. Oui, il ______ plaît beaucoup.
2. Oui, ils ______ vont très souvent.
3. Oui, le garçon ______ ______ apporte.
4. Non, je ne ______ prends pas.
5. Oui, je ______ aime.
6. Oui, je ______ mange souvent.
7. Désolé, il n' ______ ______ a plus.
8. Oui, je ______ veux bien, le vin blanc va très bien avec le poisson.
9. Oui, nous ______ prenons deux.
10. Non, on n' ______ a plus.
11. Oui, je ______ prends avec plaisir.

ÜBUNG 8 **Übersetze die folgenden Sätze.**

Gibt es noch Brot? – Nein, es gibt keines mehr. – Und Tomaten? – Ja, es gibt noch zwei.

Habt ihr ihnen Läden in der Stadt gezeigt? – Nein, wir haben sie ihnen noch nicht gezeigt, aber wir werden morgen dorthin gehen.

Immer denke ich an das Wochenende. – Ich denke auch oft daran.

Denken Sie oft an Ihre Freunde in Frankreich? – Ja, wir denken jeden Tag an sie.

5.3 Relativpronomen

Ein **Relativsatz** bestimmt ein Substantiv des übergeordneten Satzes näher. Er wird durch ein **Relativpronomen** eingeleitet. *Merke:* Anders als im Deutschen steht im Französischen **kein Komma** vor dem Relativsatz.	*Hauptsatz* ↓ *Relativsatz* ↓ Je regarde <u>le livre</u> **qui est sur l'étagère.** Tu achètes <u>la robe</u> **que tu as vue hier.** Voilà <u>le magasin</u> **où j'ai acheté la jupe.**
Das Relativpronomen ***qui*** (der, die, das) ist stets **Subjekt** eines Relativsatzes; ***qui*** kann sich auf Personen und Dinge beziehen. *Merke:* ***qui*** ist **unveränderlich** und wird **nie apostrophiert.**	Voilà la fille **qui** a bien chanté pendant le concert. Tu as vu les gens **qui** passaient devant le magasin. Vous regardez le cadeau **qui** est sur la table.
Die Präposition ***à*** in Verbindung mit dem Relativpronomen ***qui*** steht bei **Personen** als indirektes Objekt des Relativsatzes. ***Qui*** wird auch **nach anderen Präpositionen** nur für Personen verwendet.	C'est la femme **à qui** j'ai écrit une lettre. – Das ist die Frau, der ich einen Brief geschrieben habe. Les amis **pour qui** j'ai acheté un souvenir habitent à Paris.
Das Relativpronomen ***que*** (den, die, das) ist **direktes Objekt** eines Relativsatzes; ***que*** kann sich auf Personen und Dinge beziehen. Beim *passé composé* mit *avoir* wird das *p.p.* an das Bezugswort angeglichen (↑ auch Kap. 2.2). *Merke:* ***que*** ist **unveränderlich** und wird vor Vokal und stummem *h* **apostrophiert.**	Voilà l'arbre **que** mon père a planté hier. Je te présente Mme Durand **que** nous connaissons depuis longtemps. Tu aimes les fleurs **que** je t'ai donné**es**? Tu lis aussi le livre **qu'**il t'a donné. Voilà les CD **qu'**elle cherche.
Das Relativpronomen ***où*** bezieht sich stets auf eine **Orts- oder Zeitangabe** des Hauptsatzes.	C'est la ville **où** Lisa habite. – Das ist die Stadt, in der Lisa wohnt. Le 15 août, c'est le jour **où** nous partirons en vacances. – Der 15. August ist der Tag, an dem wir in Urlaub fahren werden.
Die Relativpronomen ***ce qui / ce que*** (was) beziehen sich nicht auf ein einzelnes Substantiv, sondern auf einen **ganzen Satz:** ■ ***ce qui*** ist das **Subjekt,** ■ ***ce que*** das **direkte Objekt** des Relativsatzes.	 Dites-moi **ce qui** s'est passé hier. – Sagt mir, was gestern geschehen ist. Raconte **ce que** tu as vu au parc. – Erzähle, was du im Park gesehen hast.

WISSEN

Das Relativpronomen ***dont*** ersetzt eine **Ergänzung mit *de*** im Relativsatz. Es kann sich auf **Personen** und **Sachen** beziehen. Es ist **unveränderlich.**

Sabine cherche les livres.
Elle a besoin de ces livres.
Léa cherche les livres **dont** elle a besoin.

Im Gegensatz zum Deutschen lautet die Wortstellung nach ***dont*** immer:
Subjekt – Verb – Objekt.

Merke: Das Substantiv im Relativsatz mit ***dont*** steht immer mit **einem Begleiter.**

Paris est une ville **dont** les musées sont très intéressants. – Paris ist eine Stadt, deren Museen sehr interessant sind.
Voilà le Musée Grévin **dont** nous avons vu les photos. – Da ist das Museum Grévin, von dem wir Fotos gesehen haben.

Die Relativpronomen ***lequel, laquelle, lesquels, lesquelles*** stehen **nach Präpositionen** (z. B. *dans, pendant*) und **präpositionalen Ausdrücken** (z. B. *près de*). Sie beziehen sich auf **Sachen** und richten sich in **Genus** und **Numerus** nach ihrem **Bezugswort.**

Voilà le village **dans lequel** j'ai habité pendant 15 ans. (in dem ich gelebt habe)

Tu vois la station de métro, **près de laquelle** se trouve notre collège. (in deren Nähe sich unsere Schule befindet)

Achtung: Ist das Bezugswort eine **Person,** wird nach der Präposition das Relativpronomen ***qui*** verwendet. Nur nach den Präpositionen ***entre*** (zwischen) und ***parmi*** (zwischen, unter) steht auch **bei Personen immer *lequel.***

Voilà les élèves **avec qui** notre prof a fait un voyage.
Je connais beaucoup de jeunes **parmi lesquels** il y a aussi des Anglais.
Voici les deux femmes **entre lesquelles** j'étais assis pendant le concert.

Stehen ***lequel*** etc. nach den Präpositionen ***de*** und ***à,*** verschmelzen ***le*** und ***les*** mit diesen Präpositionen:

*à + lequel → **auquel***
à + laquelle → à laquelle
*à + lesquels → **auxquels***
*à + lesquelles → **auxquelles***

*de + lequel → **duquel***
de + laquelle → de laquelle
*de + lesquels → **desquels***
*de + lesquelles → **desquelles***

Voilà le livre **auquel** tu penses toujours.
Où sont les plats **auxquels** le cuisinier a ajouté trop de sel?
Monique nous a posé des questions **auxquelles** nous n'avons pas répondu.
Elle cherche l'hôtel **près duquel** j'avais habité.
Voici les maisons **à côté desquelles** il y a une grande usine.

Beachte: Bezeichnen **Sache + Präposition** einen Ort, so kann auch ***où*** stehen.

la maison **dans laquelle** j'habite
la maison **où** j'habite

ÜBUNG 9 **Setze die Relativpronomen *qui, que* oder *où* ein. Errate dann das Wort, das jeweils erklärt wird.**

Un magasin où on peut acheter du pain, c'est une boulangerie.

L'animal ______ garde les vaches et les moutons, c'est ______.

C'est une chose ______ on met les vêtements. C'est ______.

C'est une personne ______ on voit à l'école et ______ donne des cours aux élèves. C'est ______.

C'est une chose ______ on met tout pour le pique-nique et ______ on prend quand on fait des randonnées *(Wanderungen)*. C'est ______.

C'est une grande voiture ______ il faut prendre pour aller à l'école quand on habite loin de l'école. C'est ______.

ÜBUNG 10 **Wähle das richtige Relativpronomen und setze es ein. Hast du alles richtig, ergibt sich aus den Wörtern in Klammern ein französisches Sprichwort.**

Cette fille ______ je connais les copines est très aimable.

- ☐ que (elle)
- ☐ qui (prend)
- ☐ dont (tout)

Tu as entendu la chanson ______ je connais par cœur.

- ☐ dont (pour)
- ☐ que (est bien)
- ☐ lequel (moi)

Voilà le collège dans ______ nous avons passé notre vie scolaire.

- ☐ lequel (qui)
- ☐ où (bien)
- ☐ laquelle (que)

C'est Sabine à ______ Monique a offert un thé.

- ☐ auquel (donc)
- ☐ laquelle (maison)
- ☐ qui (finit)

Vous avez rencontré les dames parmi ______ se trouvait ma tante.

- ☐ lesquelles (bien)
- ☐ qui (vieille)
- ☐ laquelle (je suis)

Sprichwort: ______

ÜBEN

ÜBUNG 11 **Verbinde die folgenden Sätze durch ein Relativpronomen. Schreibe in dein Übungsheft. Gleiche, wenn nötig, das *participe passé* an.**

C'est ma correspondante Nathalie. Je connais les parents de Nathalie.
Tu as vu ces enfants? J'ai rencontré ces enfants à Brignoles.
Ce sont Lisa et Véronique. Nous avons offert une limonade à Lisa et à Véronique.
Voilà le bistrot de Pierre. Monique travaille dans ce bistrot.
Vous voyez la tour. J'ai passé des heures sur cette tour.

ÜBUNG 12 **Verbinde die zueinandergehörenden Haupt- und Relativsätze. Ergänze das Relativpronomen. Weißt du auch die Antworten?**

Tu connais le train	______ on connaît le Théâtre Romain?
Quelle est la ville	entre ______ se trouve la Lorraine?
Quel est le plat	______ on fabrique l'Airbus?
Quelles sont les régions	______ on mange après le dessert?
Tu as déjà vu la ville dans le sud de la France	avec ______ on peut aller très vite à Paris?

ÜBUNG 13 **Wähle die richtigen Relativpronomen, streiche die falschen durch.**

Dis-moi que / ce que / où tu feras ce soir.

Voilà la forêt dans laquelle / où / à qui il y a beaucoup de touristes.

C'est le magasin duquel / dont / de qui Fabienne m'a parlé.

Nous regardons un film qui / que / lequel mes frères n'aiment pas du tout.

C'est le musée à qui / auquel / où je pense tout le temps.

ÜBUNG 14 **Übersetze die folgenden Sätze und schreibe sie in dein Übungsheft.**

Ich weiß, was dir gefällt.
Sagt uns, was ihr denkt.
Da sind die Bücher, ohne die ich meine Arbeit nicht beenden kann.
Wir haben euren Bruder getroffen, dessen Bekanntschaft wir bei Luc gemacht haben *(faire la connaissance de)*.
Hast du die Hefte gefunden, die du brauchst?

5.4 Indefinitpronomen und -begleiter

Der **Indefinitbegleiter** ***tout*** wird in **Genus und Numerus** an das Substantiv angeglichen: Singular: maskulin ***tout***, feminin ***toute*** Plural: maskulin ***tous***, feminin ***toutes*** Im Singular wird *tout* mit „ganz" übersetzt, im Plural mit „alle". Wenn ***tout*** **„jeder"** bedeutet, so steht es alleine vor dem Substantiv.	Il range **toute la** maison. (das ganze Haus) Nous avons mangé **tout ce** gâteau. (diesen ganzen Kuchen) Tu as rendu visite à **toutes tes** tantes et **tous tes** oncles. (alle deine Tanten und alle deine Onkel) **Tout** enfant doit faire ses devoirs. – Jedes Kind muss seine Hausaufgaben machen.
■ Das **Indefinitpronomen** ***tout*** [tu] = „alles" verwendet man für eine Gesamtheit. Es ist unveränderlich und steht im *passé composé* vor dem Partizip, bei einer Infinitivergänzung vor dem Infinitiv. ■ Die **Indefinitpronomen** ***tous*** [tus] und ***toutes*** [tut] = „alle" vertreten ein Substantiv und werden an dieses angeglichen.	**Tout** va bien. Je sais **tout.** Il a **tout** compris. Elle va **tout** comprendre. **Tous / Toutes** voulaient regarder le film. Il nous aime **tous / toutes.**
Es gibt einige Wendungen mit ***tout:*** *tout de suite* – sofort *en tout cas* – auf jeden Fall *à tout prix* – um jeden Preis, unbedingt *tout le monde* – jedermann, jeder, alle *Aber:* ***le monde entier*** – die ganze Welt	Il travaille **tout de suite.** **En tout cas,** je n'ai pas le temps. Christophe veut **à tout prix** gagner le match de tennis. **Tout le monde** est venu pour voir ce concert de rock.
Der **Indefinitbegleiter** ***chaque*** (jeder) ist unveränderlich. *Unterscheide:* ■ ***chaque*** bezeichnet jeden einzelnen aus einer bestimmten Gruppe (engl. *each*) ■ ***tout*** bezeichnet jeden, ganz allgemein (engl. *every*)	**Chaque** actrice avait joué sans fautes. **Chaque** danseur a bien dansé. – Jeder *(einzelne)* Tänzer hat gut getanzt. **Tout** danseur doit aimer la musique. – Jeder Tänzer *(ganz allgemein)* muss Musik lieben.
Das **Indefinitpronomen** ***chacun, chacune*** (jeder, jede) hat eine männliche und eine weibliche Form. Es steht alleine.	Chaque élève doit travailler. → **Chacun** doit travailler. Chaque fille aime la mode. → **Chacune** aime la mode.

WISSEN

Der **Indefinitbegleiter** ***quelque, quelques*** wird im Singular mit „ein wenig / etwas" wiedergegeben, im Plural mit „einige".

Il me faut **quelque temps** pour ce travail. J'ai trouvé **quelques** fautes dans ce contrôle.

Feste Wendungen mit *quelque:*

il y a quelque temps	vor einiger Zeit
depuis quelque temps	seit einiger Zeit
quelque part	irgendwo
quelque chose	etwas
quelqu'un	jemand
quelques-uns, -unes	einige

Il y a quelque temps, j'ai appris le latin.
Depuis quelque temps, je regarde TV5.
On va se rencontrer **quelque part.**
Tu as **quelque chose** à manger?
Vous avez vu **quelqu'un** dans la rue?
Voici **quelques-uns** de mes amis.
Je connais **quelques-unes** de tes amies.

---

autre, autres steht meist als **Indefinitbegleiter** vor einem Substantiv, es kann aber auch als **Indefinitpronomen** stehen:

un autre (café)	ein anderes (Café)
une autre (ville)	eine andere (Stadt)
l'autre (maison)	das andere (Haus)
les autres (villes)	die anderen (Städte)
d'autres (villages)	andere (Dörfer)

Beachte: ***d'autres*** = „andere"
des autres = „der anderen" (z.B. das Haus der anderen).

Indefinitbegleiter:
Tu connais un **autre** restaurant?
Il habite dans une **autre** maison.
Elle a acheté l'**autre** anorak.
Pierre ne connaît pas les **autres** élèves.
Vous avez visité d'**autres** musées?

Indefinitpronomen:
D'autres sont venus. – Tu as vu **les autres**?

Tu as vu le film «Le chien **des autres**?» – Non, mais j'ai regardé **d'autres** films.

Weitere wichtige **Indefinitpronomen:**

n'importe quoi	irgendetwas
n'importe qui	irgendjemand
le même, la même	der-, die-, dasselbe

Il dit toujours **n'importe quoi.**
N'importe qui est venu me voir.
C'est **le même** homme. – C'est **la même chose.** (dasselbe)

Folgende **Indefinitpronomen** und **-begleiter** haben nie den unbestimmten Artikel bei sich:

certains, certaines	gewisse
divers, diverses	verschiedene
différents, différentes	unterschiedliche
plusieurs	mehrere

Indefinitpronomen:
Certains sont arrivés. – J'en ai vu **plusieurs.**

Indefinitbegleiter:
J'ai **certaines** idées. – **Divers** gens ont vu ce spectacle. – Il y a **différentes** possibilités. – **Plusieurs** femmes portent une robe de ce créateur de mode. – Je le lui ai expliqué **plusieurs** fois. (mehrmals)

Häufig sind die verneinenden Indefinitpronomen:

(ne ...) ***personne***	niemand
(ne ...) ***rien***	nichts
(ne ...) ***aucun, aucune***	kein einziger

Je **n'**ai vu **personne.** *(Objekt)* – **Personne** n'est venu. *(Subjekt)* – Je **n'**ai **rien** fait. *(Objekt)* – **Rien ne** s'est passé. *(Subjekt)* – **Aucune d'elles** n'est venue. *(Subjekt)* – Je n'ai invité **aucune d'elles.** *(Objekt)*

ÜBUNG 15 **Fülle die Lücken aus. Verwende *chaque, chacun* oder *tout*.**

Vous croyez ___ ? (die ganze Geschichte)

Tu as ___ oublié? (alles)

___ , je vais au travail. (Jeden Tag)

Répète ___ , s'il te plaît, Thomas. (jedes Verb)

Nous avons dormi ___ . (den ganzen Tag)

Tu as acheté ___ de Noël? (alle Geschenke)

___ avocat doit défendre son client. ___ avocat de ce cabinet *(Kanzlei)* est très gentil.

___ pour soi et Dieu pour ___ .

___ de nos amis a apporté une salade pour notre fête.

Mes copines? ___ sont venues pour me revoir.

ÜBUNG 16 **Setze die passenden Indefinitpronomen und Indefinitbegleiter ein.**

- quelque chose
- autre
- toute
- tous
- tout
- quelque
- les autres
- d'autres

Il parlait de sa femme ___ le temps.

Nous avons bu ___ cette limonade.

Tu as besoin de ___ ?

Depuis ___ temps, il vit à Paris.

C'est ___ chose.

___ nos oncles sont arrivés.

Où sont ___ visiteurs du musée?

Vous avez vu ___ chats?

ÜBUNG 17 **Wie lautet der Satz korrekt? Unterstreiche. Die Buchstaben dahinter ergeben ein Lösungswort. Schreibe die Sätze richtig in dein Übungsheft.**

Ils comprennent tout livre (b) / tout le livre (f) / chaque livre (c).

Chacun élève (r) / Chaque élève (r) / Tout élève (l) a écrit le contrôle de maths.

Quelques-uns amis (m) / Quelques amis (a) / Toutes amis (s) m'ont rendu un service.

J'ai trouvé différentes solutions (n) / des différentes solutions (c) / divers solutions (e).

Si tu continues à fâcher *(ärgern)* d'autres enfants (g) / les autres enfants (c), les parents d'autres enfants (i) / des autres enfants (e) / de les autres enfants (f) ne seront pas contents.

Lösungswort:

ÜBUNG 18 **Korrigiere die folgenden Sätze und schreibe sie in dein Übungsheft.**

ACHTUNG FEHLER

On a rien trouvé.
J'ai des autres idées.
Elle a fait le même.
Personne m'a accompagné au collège.
Chaque est arrivé.
Plusieures souris sont dans la cave.
Il dit toujours importe quoi.
Chaque monde vient chez moi.

ÜBUNG 19 **Übersetze die folgenden Sätze. Schreibe in dein Übungsheft.**

Sind alle deine Schwestern zu deinem Geburtstag gekommen? – Ja, jede ist gekommen.
Er wird dir keine (einzige) Antwort geben.
Ich mag es nicht, dass du mit irgendjemandem sprichst.
Manche geben zu viel Geld aus *(dépenser)*, andere sparen ihr ganzes Geld *(épargner)*.
Ich brauche noch etwas Zeit.
Ich habe ihn vor einiger Zeit gesehen.
In der Schule waren einige Lehrer.
Hast du heute etwas gelernt? – Nein, ich habe nichts gelernt, ich habe alles aufgeräumt.
Jeder Mensch muss arbeiten. – Jeder Schüler hat gut gearbeitet.

5.5 Demonstrativpronomen

Du kennst die **Demonstrativbegleiter,** sie stehen immer bei einem Substantiv:

	maskulin	feminin
Singular	*ce / cet*	*cette*
Plural	*ces*	*ces*

(*cet* steht nur vor Vokal und stummem *h*). Zur Unterscheidung von Nähe und Ferne können *-ci* oder *-là* angehängt werden.

Tu veux acheter **ce** livre ou **cette** BD?
Vous me racontez **ces** histoires?
J'ai pris le livre de **cet** auteur.
Vous connaissez **ces** acteurs? – Non, mais je connais **ces** actrices.

Tu veux **ces** pommes-**ci** ou **ces** oranges-**là**? – Willst du die Äpfel hier oder die Orangen dort?

Unterscheide:
ces livres diese Bücher,
ses livres seine / ihre Bücher
– denn *ses* und *ces* klingen gleich [se].

Vous voyez **ces** photos sur la table?
Nicole et **ses** parents sont venus.

Die **Demonstrativpronomen** vertreten ein Substantiv. Die Formen ähneln den unverbundenen Personalpronomen *(lui, elle, eux, elles)*:

	maskulin	feminin
Singular	*celui*	*celle*
Plural	*ceux*	*celles*

Pierre, c'est le garçon qui joue aux dés ou qui joue de la guitare? – C'est **celui** qui joue de la guitare.
Nadine, c'est la fille qui joue au foot ou qui joue au tennis? – C'est **celle** qui joue au foot.

Die Demonstrativpronomen stehen **nie alleine.** Es folgt entweder

- der **Partikel** (Anhängsel) *-ci / -là* (hier / da), der die Nähe bzw. Ferne ausdrückt, oder

Tu vois ces maisons? – **Celles-ci**? – Non, **celles-là.**

- ein **Relativsatz** mit *qui, que, dont* oder *où* oder

Ceux qui sont en terminale passent le bac.
Tu prends ces pommes? – Je prends seulement **celles que** tu vois sur la table.
Il parle de **celui dont** je connais le père.

- eine **präpositionale Ergänzung** (meist mit *de,* aber auch mit *pour* oder *avec*).

Ce sont les chaussures de ta mère? – Non, ce sont **celles de** ma tante.
La limonade? – C'est **celle pour** Marie.

Es gibt auch Demonstrativpronomen im **Neutrum:**

- *ce* steht meist vor *être.*

Ce n'est pas un ami, **c'**est mon frère.

- *ceci* steht für Nahes, auch für im Text Folgendes; es wird sehr selten verwendet.

Je vais te raconter **ceci.** (Folgendes)

- *cela* steht für Fernes oder auch bereits Erwähntes. In der gesprochenen Sprache wird stattdessen häufig *ça* verwendet.

Tu veux **ceci** ou **cela**? (dies oder das)

Tu me donnes **ça**?

ÜBUNG 20 **Setze die Wörter richtig ein.**

cet | celles | celui | celle | ceux | ce

celles | ces | celui | celles | celle | ces

1. Tu as vu ____ jupes dans ____ magasin de mode? – ____ -ci ou ____ -là? – ____ qui sont sur l'étagère.
2. Qui est ____ homme? ____ qui porte des lunettes ou ____ dont la fille prend une photo.
3. C'est un livre sur la vie de César? – Non, c'est un livre sur ____ de Cléopâtre.
4. Quelle fleur est-ce que tu prends? – Je prends ____ qui est sur la table.
5. Vous avez lu tous ____ journaux? – Non, nous avons lu seulement ____ qui sont dans le salon.

ÜBUNG 21 **Höre dir die Sätze auf Track 10 zweimal an. Ersetze jeweils das Objekt durch ein Demonstrativpronomen und trage dieses in die Lücke ein. Beachte, dass das französische Demonstrativpronomen nicht alleine stehen kann!**

10

Prenez ____ de Pierre. Mettez ____ de Marie.

Qu'est-ce que tu veux? ____ ou ____?

Qui sont ____ qui regardent les photos?

Voilà ____ dont je parle souvent.

Pierre m'a raconté ____.

ÜBUNG 22 **Übersetze die folgenden Sätze und schreibe sie in dein Übungsheft.**

Ich werde euch Folgendes erzählen ...
Wer sind diese beiden Männer? Das sind die, die mein Auto reparieren werden.
Welches Spiel nimmst du? Dieses oder das da? – Ich nehme das, das auf dem Tisch liegt.
Wenn du kein Auto hast, dann nimm das von deinem Bruder!
Sind das die (Bücher), die du brauchst?

ÜBEN

Klassenarbeit 1

45 Minuten

AUFGABE 1 **Ergänze die fehlenden Pronomen. Ein Wort aus der Blume bleibt übrig. Achte auf die Angleichung des *participe passé!***

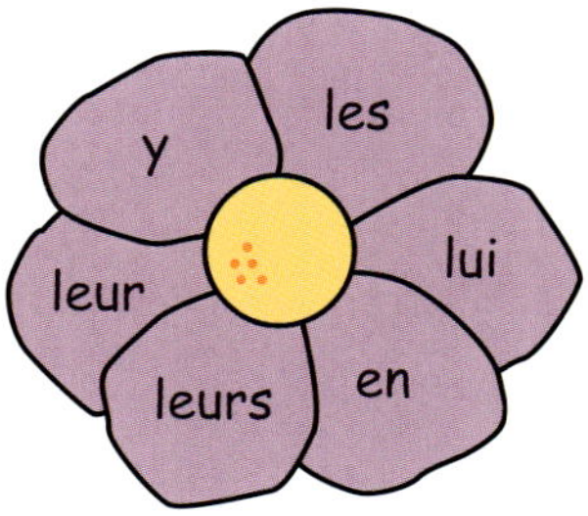

1. Tu viens de Paris? – Oui, je ______ viens.
2. Vous dormez sous la tente? – Non, nous ne ______ dormons pas.
3. Elle a vu mon frère et ses amis? – Oui, elle ______ a vu ___.
4. Monique a donné les disques à mes copines? – Non, elle ne ______ a pas donné ___ les disques.
5. Vous avez téléphoné à Lisa? – Oui, je ______ ai déjà téléphoné ___.

Übrig bleibt ______, weil ______.

AUFGABE 2 **Beantworte die Fragen und ersetze dabei die rot markierten Satzteile durch Pronomen. Schreibe in dein Übungsheft.**

1. Tu as montré ta robe à ton ami?
2. Vous avez parlé à Pierre de l'école?
3. Manon veut nous offrir les CD?
4. Ils ont lu les histoires aux enfants?
5. Il y a encore des carottes?

AUFGABE 3 **Richtig oder falsch? Verbessere, wenn nötig, die folgenden Sätze.**

ACHTUNG FEHLER

1. Du café? Je le leur offre avec plaisir.

______

2. Tu vas à Paris? – J'y vais aller demain.

______

3. Tu me présentes à tes amis? – Oui, je te présente à eux.

______

4. Vous le me pouvez dire? – Non, je ne peux te le pas dire.

______

TESTEN

AUFGABE 4 **Bilde aus den Wörtern Sätze. Schreibe in dein Übungsheft.**

allez – vous – me – donner – en

ne … pas – a – elle – la – me – présentée

faites – vous – travailler – le

moi – donnez – le

AUFGABE 5 **Aus zwei mach eins! Verbinde die Sätze durch Relativpronomen.**

Voilà la rue. Dans cette rue, tu trouves un musée d'art moderne.

Tu vois cette maison? À côté de cette maison, je vais attendre Luc.

C'est Ludivine. Pierre lui a raconté une histoire.

Il a acheté une voiture. Il parle beaucoup de cette voiture.

Voilà des caméras. Je filme avec ces caméras.

AUFGABE 6 **Setze das passende Relativpronomen ein. Zwei Pronomen bleiben übrig. Achte auf die Angleichung des *participe passé!***

dont – lequel – où – que – lesquels – à qui – qui

C'est la dame ______ nous avons expliqué ___ le chemin de la gare.
C'est le voyage ______ je rêve depuis longtemps.
Je te présente une fille ______ nous avons recontré ___ hier.
Vous voyez les jeunes gens parmi ______ est assis ___ Michel.
Le théâtre dans ______ j'ai vu ___ la comédie est très grand.

AUFGABE 7 **Wähle die passenden Indefinitpronomen und -begleiter sowie die richtigen Demonstrativpronomen aus. Drei Wörter bleiben übrig.**

plusieurs - d'autres - les autres - cela - quelques - celui - tout le - celles - tout - tous les - quelqu'un - toute - rien - celles-ci - chacun - ceux-là - chaque - celles-là

1. *(Jeder)* ______ joueur de tennis doit être sportif.
2. *(Jeder)* ______ de mes copains a mangé *(ein ganzes)* ______ une baguette!
3. Tu as vu *(andere)* ______ professeurs? – Non, j'ai seulement vu *(die anderen)* ______ élèves.
4. *(Mehrere)* ______ musiciens ont fait de la musique dans la zone piétonne.
5. Vous avez trouvé *(einige)* ______ fruits au marché? – Non, je n'ai *(nichts)* ______ trouvé.
6. Quelles couleurs est-ce que tu préfères? *(Diese hier)* ______ ou *(diese dort)* ______ ?
7. C'est votre chat? – Non c'est *(die)* ______ de Pierre. Regardez les souris. Ce sont *(die)* ______ que ma tante Virginie a achetées l'année dernière.
8. M. Hulot parlait de sa moto *(die ganze)* ______ temps.
9. *(Alle)* ______ spectateurs adorent ces acteurs qui font du théâtre *(jeden)* ______ soir.

AUFGABE 8 **Übersetze die folgenden Sätze und schreibe sie in dein Übungsheft.**

Wollt ihr die Bücher euren Freunden geben? – Nein, wir wollen sie ihnen nicht geben.
Hast du diesen Rock deiner Mutter gezeigt? – Nein, ich habe ihn ihr noch nicht gezeigt.
Fragt es ihn nicht! Fragt es uns!
Sie (Luc und Christine) werden es ihm morgen erzählen.
Wir werden sie (Sarah) euch vorstellen.
Gibt es noch Kaffee? – Nein, es gibt keinen mehr. Gibt es noch Hörnchen? – Ja, es gibt noch viele.

Klassenarbeit 2

45 Minuten

AUFGABE 9 **Setze die fehlenden Objektpronomen ein. Achte auf die Angleichung des *participe passé!* Es bleiben drei Pronomen übrig.**

en - en - les - les - les - leur - me - te - y - y

1. Tu veux de l'eau? – Non, je ne ___ veux pas.
2. Quand est-ce que tu rendras les CD à Léa? – Je ___ lui rendrai demain.
3. Tu vas aller à Dijon pendant les vacances? – Oui, je ___ vais.
4. Vous avez acheté ces pulls? – Oui, nous ___ avons acheté ___.
5. Montre ___ la photo de Stéphane.
6. Ma mère ___ lit toujours une histoire le soir.
7. Vous avez offert les cadeaux à Lisa? – Oui, nous ___ lui avons offert ___.

AUFGABE 10 **Ersetze die unterstrichenen Satzteile durch Objekt- bzw. Adverbialpronomen. Achte auf die Angleichung des *participe passé!* Schreibe in dein Übungsheft.**

1. J'ai acheté deux kilos de fraises.
2. Tu as pensé à tes devoirs?
3. Léon a présenté sa fille à mes amies.
4. Tu as déjà lu des romans policiers?
5. Vous pouvez expliquer le chemin à Camille?
6. Ils vont rendre les livres à Antoine et à Luc.
7. Dis la vérité à ta fille.
8. J'ai trouvé les lettres sur la table.

AUFGABE 11 **Setze das passende Relativpronomen ein. Achte wieder auf die Angleichung des *participe passé!***

Ce sont les voisins ___ je vous ai parlé ___.

Tu as répondu à la lettre ___ ma mère t'a écrit ___.

Voilà mon groupe de rock avec ___ je fais de la musique tous les samedis.

Je te montrerai l'hôtel dans ___ j'ai passé ___ mes vacances à Marseille.

Voilà le parc près ___ il y a un grand lac.

AUFGABE 12 **Setze die passenden Pronomen und Begleiter ein.**

celui – quelqu'un – quelques – aucune – cette – celle-là –
tout – même – chacun – tous – celle-ci – personne – autre

Quelle maison est à vous? ______ ou ______ ?

Vous avez rencontré ______ ? – Non, je n'ai rencontré ______ .

______ de vos amis est très sympa.

Nous avons visité le musée du Louvre et ______ d'art moderne.

Ma fille apprend ______ par cœur.

Ils ont trop d'amis, c'est pourquoi ils ne peuvent pas ______ les inviter.

Tu as vu ______ robe? – Oui, mais je vais acheter une ______ robe.

Mon frère fait toujours la ______ chose. Il ne change jamais.

Nous avons passé ______ jours à Toulouse.

Tes sœurs sont venues pour fêter ton anniversaire? – ______ d'elles n'est venue.

AUFGABE 13 **Übersetze die folgenden Sätze.**

Die Touristen, unter denen zwei Engländer waren, sind heute Morgen abgereist.

______

Gib mir einige Ratschläge *(le conseil)* für meine Reise.

______

Sagt nicht immer irgendetwas zu irgendjemandem!

______

Iss nicht davon. Das ist nicht gut für die Gesundheit.

______

Denkt nicht mehr daran und sprecht nicht mehr davon!

______

6 Adverbien

6.1 Bildung der Adverbien

Adverbien bestimmen ein Verb, ein Adjektiv oder ein anderes Adverb näher: Sie drücken aus, wie jemand etwas tut oder wie die Eigenschaft einer Person oder Sache ist. Adverbien sind **unveränderlich**.

Il parle **souvent.** – Er spricht **oft.**
(Wie spricht er?)
Elle est **trop** petite. – Sie ist **zu** klein.
(Wie klein ist sie?)

Beachte: Im Deutschen sind die Formen des Adjektivs und des Adverbs gleich. Im Englischen und im Französischen gibt es jeweils unterschiedliche Formen!

Er ist **traurig.** – Er geht **traurig** heim.
Il est **triste.** – Il va **tristement** à la maison.
He is **sad.** – He is going home **sadly.**

Man unterscheidet zwei Arten:

- **ursprüngliche Adverbien,** z. B. *beaucoup* (viel, sehr), *très* (sehr), *trop* (zu, zu viel), *vite* (schnell)

Elle dort **beaucoup.**
Mon frère est **très** grand.
Il nage **trop vite.**

- **abgeleitete Adverbien:** Sie werden gebildet, indem man an die **feminine Form des Adjektivs** *-ment* anhängt:

long / longue → ***longuement***
sûr / sûre → ***sûrement***
facile → ***facilement***
heureux / heureuse → ***heureusement***

Elle a **longuement** attendu ton arrivée.
Ils avaient **sûrement** dit la vérité.
J'ai **facilement** fait le travail.
Heureusement, il est venu.

Bei Adjektiven, die auf ***i*** oder ***u*** enden, wird das Adverb **von der maskulinen Form abgeleitet:**

vrai / vraie → ***vraiment***
poli / polie → ***poliment***
absolu / absolue → ***absolument***

Il a **vraiment** parlé de son passé.
Mes filles m'ont **poliment** ouvert la porte.
Tu as **absolument** raison.

Ausnahme: gai / gaie → ***gaiement***

Luc a **gaiement** chanté la chanson.

Adjektive, die auf ***-ant*** [ɑ̃] oder ***-ent*** [ɑ̃] enden, bilden ihr Adverb auf ***-amment*** [amɑ̃] bzw. ***-emment*** [amɑ̃]:

méchant / méchante → ***méchamment***
évident / évidente → ***évidemment***

Le chien me chasse **méchamment.**
Vous avez **évidemment** tort.

Weitere wichtige Ausnahmen:

énorme → ***énormément***
précis / précise → ***précisément***

Il travaille **énormément** et **précisément.** – Er arbeitet sehr viel und genau.

ÜBUNG 1 Höre dir Track 11 auf der CD an. Bilde jeweils zu dem genannten Adjektiv das entsprechende Adverb: zuerst mündlich und dann schriftlich.

11

1.	2.
3.	4.
5.	6.
7.	8.
9.	10.
11.	12.

ÜBUNG 2 Welches Adverb ist richtig? Kreise die richtigen Adverbien ein. Die Zahlen hinter den richtigen Formen ergeben addiert die Anzahl der Bezirke *(arrondissements)* in Paris.

1. **dangereux:** dangereuxment (5) – dangereusement (2)
2. **joli:** joliement (8) – joliment (1)
3. **différent:** différentement (9) – différemment (1)
4. **énorme:** énormement (4) – énormément (3)
5. **méchant:** méchemment (7) – méchamment (6)
6. **complet:** completment (1) – complètement (4)
7. **gratuit:** gratuitement (3) – gratuitment (8)

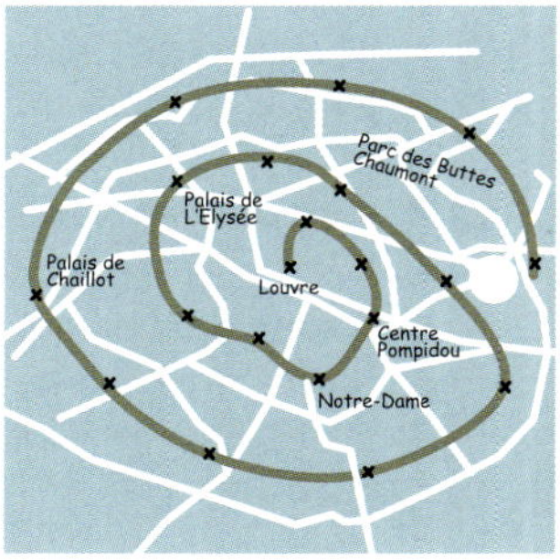

Lösung: À Paris, il y a ______ arrondissements.

WISSEN

Besondere Adverbformen
Die folgenden Sonderformen solltest du dir gut einprägen:

bref / brève → ***brièvement***	Elle a **brièvement** répondu à mon e-mail.
gentil / gentille → ***gentiment***	La fille des voisins me dit **gentiment** bonjour.
bon / bonne → ***bien*** *mauvais / mauvaise* → ***mal***	Elle a **bien** travaillé mais lui, il a **mal** travaillé.
meilleur / meilleure → ***mieux***	Cette nuit, j'ai **mieux** dormi.

ÜBUNG 3 Setze das Adjektiv oder das entsprechende Adverb richtig ein.

bon – beau – intéressant

S'il fait ______ et si vous travaillez ______, nous ferons une excursion ______.

mauvais – pratique – triste – vrai – meilleur

Je suis ______. Depuis hier, j'ai mal à la tête: je suis ______ malade. C'est ______ impossible de dormir. Aujourd'hui, ça va très ______. J'espère que ça ira ______ demain.

WISSEN +

Adjektive in Redewendungen
Im Französischen gibt es feste Redewendungen, in denen **Adjektive anstelle von Adverbien** verwendet werden. Das Adjektiv ist hier unveränderlich! Präge dir diese Ausdrücke gut ein.

aller tout droit	geradeaus gehen
chanter juste / faux	richtig / falsch singen
coûter cher	teuer sein
parler bas	leise sprechen
parler haut / fort	laut sprechen
payer cher	teuer bezahlen
penser juste	gerecht denken
sentir bon / mauvais	gut / schlecht riechen
travailler dur	hart arbeiten
voir clair	klar sehen

ÜBUNG 4 Entscheide, ob du ein Adjektiv oder ein Adverb einsetzen musst. Unterstreiche die richtige Form.

Elle chante toujours juste / justement.

Nous avons travaillé très durement / dur.

Le gâteau sent bon / bien Tu fais bien / bon la cuisine.

Pour arriver à la gare, il faut aller tout droit / droitement.

ÜBEN

6.2 Stellung und Steigerung der Adverbien

Anders als im Englischen können Adverbien im Französischen **nie zwischen Subjekt und Verb stehen.** Die Stellung eines französischen Adverbs hängt von seiner Bedeutung und seiner Aufgabe im Satz ab.	Linda rencontre **souvent** ses amis. Linda **often** meets his friends.
■ **Satzadverbien,** d.h. Adverbien, die sich auf einen ganzen Satz beziehen, stehen in der Regel am **Satzanfang** und werden durch ein **Komma** abgetrennt.	**Heureusement,** j'ai trouvé ma clé. **Alors,** j'ai pu ouvrir la porte.
■ **Adverbien des Ortes** (z.B. *ici, là*) und **der bestimmten Zeit** (z.B. *demain, hier*) können am Anfang oder am Ende eines Satzes stehen.	Il travaille **ici.** **Hier,** j'ai rencontré ma tante.
■ **Adverbien der unbestimmten Zeit** (z.B. *toujours, encore, avant, après*), **der Menge** (z.B. *peu, beaucoup, assez*) und **der Art und Weise** (z.B. *bien, mal*) stehen meistens hinter der konjugierten Verbform.	Je bois **toujours** mon café au bistrot. Elle nous accompagne **après.** Hier, elle a **peu** dormi. Aujourd'hui, elle dort **beaucoup.** Elle court **très vite.**
In den **zusammengesetzten Zeiten** *(passé composé, plus-que-parfait, futur composé)* können **abgeleitete Adverbien** auch nach dem *participe passé* bzw. dem Infinitiv stehen.	Il a **sûrement** travaillé. Il a répondu **sûrement.** Elle va avoir **certainement** vingt ans.
Die Adverbien ***tôt, tard, ensemble, après*** und ***avant*** stehen am Satzanfang oder nach dem ***participe passé*** bzw. dem **Infinitiv.**	**Après,** on est allé à la maison. Il est rentré **tard.** Je dois me lever **tôt.**
Die Adverbien werden wie die Adjektive gesteigert: ■ Der **Komparativ** wird mit ***plus … que, aussi … que*** und ***moins … que*** gebildet.	Lisa court **plus vite que** Pierre. (schneller als) Nadine apprend **aussi facilement que** Claudine. (genauso leicht wie) Sabine parle **moins rapidement que** ses copines. (weniger schnell als)
■ Der **Superlativ** wird mit ***le plus …*** und ***le moins …*** gebildet.	Luc va à la piscine **le plus souvent** (de nous tous). (am öftesten) Pierre y va **le moins souvent.** (am seltensten)

ÜBUNG 5 **Markiere den Platz, an dem das jeweilige Adverb stehen muss oder kann mit einem Kreuz.**

sûrement:	☐ Sab ne ☐ est ☐ heureuse ☐ de ☐ me ☐ rendre visite.
complètement:	☐ Mes frères ☐ sont ☐ surpris.
hier:	☐ Luc ☐ nous ☐ a ☐ téléphoné ☐.
très:	☐ Lisa ☐ parle ☐ vite ☐.
bien:	☐ Tu ☐ as ☐ dormi ☐?
beaucoup:	☐ En avril, ☐ il ☐ pleut ☐.

ÜBUNG 6 **Bilde sinnvolle Sätze. Achte auf die Satzstellung!**

apprendre – nous – à l'école – beaucoup

elle – rentrer – tard – après le cinéma *(passé composé)*

gagner – nous – beaucoup d'argent – heureusement *(passé composé)*

toujours – Béatrice – manger – du chocolat

sûrement – arriver – le train – à l'heure *(futur)*

ÜBUNG 7 **Stimmt die Übersetzung der folgenden Sätze? Streiche die Fehler an und schreibe die verbesserten Sätze in dein Übungsheft.**

ACHTUNG FEHLER

1. Pierre kommt selten pünktlich an. – Pierre arrive rarement à l'heure.
2. Sie haben mich sehr höflich gegrüßt. – Ils m'ont salué très poliment.
3. Glücklicherweise habe ich gestern meine Hausaufgaben vollständig gemacht. – Heureusement, j'ai fait mes devoirs complètement hier.
4. Ihr sprecht wirklich zu schnell. – Vraiment, vous parlez trop rapide.
5. Sie sind zusammen ins Kino gegangen. – Ils sont allés ensemble au cinéma.

ÜBUNG 8 **Höre dir Track 12 auf der CD an. Dort werden dir Fragen zu Claire, Luc und Marie gestellt. Beantworte sie mündlich und in ganzen Sätzen. Die Informationen für die Vergleiche findest du in der folgenden Tabelle.**

12

	Claire	Luc	Marie
Fragen 1 + 2	5 CD	3 CD	20 CD
Fragen 3 + 4	2 chats	1 chat	4 chats
Fragen 5 + 6	10 DVD	20 DVD	30 DVD
Fragen 7 + 8	1 portable	2 portables	3 portables

WISSEN

Die folgenden Adverbien werden unregelmäßig gesteigert:
bien – mieux – le mieux
(gut – besser – am besten)
beaucoup – plus – le plus
(viel – mehr – am meisten)
peu – moins – le moins
(wenig – weniger – am wenigsten)

Ludivine travaille **bien,** Lisa travaille **mieux** que Ludivine, mais Elsa travaille **le mieux.**
Marc parle **beaucoup,** Luc parle **plus** que Marc, mais Étienne parle **le plus.**
Nathalie dort **peu,** Sabine dort **moins** que Nathalie, mais Magalie dort **le moins.**

ÜBUNG 9 **Setze den Komparativ (+ / –) oder den Superlativ (+ + / – –) ein oder bilde Sätze mit *aussi ... que* (=) oder *ne ... pas aussi ... que* (≠).**

Nous arriverons ______ (tard +) vous.

À l'école, Nathalie parle ______ (bien + +) l'allemand.

Mes amis comprennent ______ (lentement –) Luc.

Dans notre classe, Sabine apprend ______ (peu – –).

Sabine fait ses devoirs ______ (vite =) Luc.

Julien ______ chante ______ (bien ≠) David.

WISSEN

Mit ***possible*** kannst du auch einen hohen Steigerungsgrad ausdrücken.

Elle va à la piscine **le plus / moins souvent possible.** (so oft / selten wie möglich)

ÜBEN

Klassenarbeit 1

45 Minuten

AUFGABE 1 **Bilde zu den folgenden Adjektiven die entsprechenden Adverbien im Komparativ (+ / –) oder im Superlativ (+ + / – –).**

Adjektiv	Adverb	Komparativ / Superlativ
régulier (+)		
étroit (–)		
malheureux (+)		
méchant (– –)		
constant (+)		
précis (+ +)		
bon (+)		
poli (– –)		

AUFGABE 2 **Setze jeweils das passende Adjektiv oder Adverb richtig ein.**

gentil – gentil – bon – bon – rapide – rapide – curieux – malheureux – facile – sûr – élégant – clair – gratuit

Pour nous, les devoirs d'anglais étaient ______ .

Sylvain n'est pas là. Il est ______ malade.

Si vous achetez ces deux livres, vous aurez ce livre-là ______ .

______ , il n'est pas venu pour fêter mon anniversaire.

Claudine, tu n'es pas ______ . Réponds-moi ______ .

La solution du problème est ______ .

Mon voisin veut tout savoir. Il écoute ______ derrière sa porte.

Sabine est une ______ élève. Elle travaille très ______ .

Le TGV est un train très ______ . Il roule très ______ .

AUFGABE 3 **Wo steht das Adverb? Füge die Adverbien an der richtigen Stelle ein. Schreibe die vollständigen Sätze in dein Übungsheft.**

malheureusement | demain | évidemment | heureusement | hier

M. Dubois a eu un accident de voiture. Le chauffeur d'une autre voiture n'avait pas vu la voiture de M.Dubois. Personne n'est blessé. M. Dubois doit aller chez le médecin pour se faire soigner. L'autre chauffeur doit payer.

AUFGABE 4 **Bringe die Wörter in die richtige Reihenfolge.**

parlent – très – l'allemand – bien – elles

tranquillement – ont – les – dormi – enfants

les – expliquent – professeurs – clairement – les – aux – problèmes – élèves

AUFGABE 5 **Wie verbringt Lisa im Gegensatz zu Nadine die Nachmittage? Bilde Vergleichssätze mit *plus* (+) und *moins* (–) und schreibe sie in dein Übungsheft.**

1. Lisa lit souvent des livres. (+)
2. Lisa fait vite ses devoirs. (–)
3. Lisa sort beaucoup. (–)
4. Lisa prépare bien les repas du soir. (+)

AUFGABE 6 **Übersetze die folgenden Sätze und schreibe sie in dein Übungsheft.**

Luc hat viel gearbeitet in diesem Jahr.
Vielleicht werden die Freunde von Nicole während der Sommerferien kommen.
Christophe hat zu oft am Computer gespielt.
Meine Schüler haben die Mathematikaufgaben schnell verstanden.
Ich reise morgen ab.
Ludo spielt besser Gitarre als Magali.
Louis grüßt genauso freundlich wie Paul.
Sie geht so schnell wie möglich nach Hause.
Meine Mutter steht morgens früher auf als mein Vater.

Klassenarbeit 2

45 Minuten

AUFGABE 7 **Wie lautet die richtige Form des Adverbs? Streiche die falsche Form durch.**

ACHTUNG FEHLER

1. bref: brèvement – brièvement
2. mauvais: mauvaisement – mal
3. sûr: sûrement – surement
4. long: longement – longuement
5. large: largement – largment
6. poli: poliement – poliment

AUFGABE 8 **Adjektiv oder Adverb? Setze die richtige Form ein.**

normal: ______, elle arrive à l'heure.

gentil: Elle parle ______ à ses enfants.

ponctuel: Il est nécessaire que tu arrives ______ à l'école.

bon: C'est une ______ voiture. Elle roule ______.

rapide: L'Airbus vole très ______.

cher: Pour cette robe, j'ai payé ______.

bas: Parle plus ______, les enfants dorment.

bon: Ce bœuf bourguignon sent ______.

AUFGABE 9 **Wer kann was am besten? Vergleiche Marie und Léa miteinander. Bilde sechs Sätze mit *plus ... que, moins ... que, aussi ... que*. Schreibe in dein Übungsheft.**

	Marie	Léa
courir vite	☺	☹
apprendre les langues facilement	☹	☺
faire bien la cuisine	☺	☺
danser bien	☺	☺
travailler sérieusement	☺	☹
parler correctement l'anglais	☹	☺

AUFGABE 10 **Wo steht das Adverb? Füge jeweils ein passendes Adverb an der richtigen Stelle im Satz ein. Schreibe die Sätze dazu in dein Übungsheft.**

heureusement – gravement – lisiblement (leserlich) – après – demain – beaucoup

Les élèves ont travaillé pendant le cours de maths.
Tu devrais écrire cette lettre.
J'ai gagné le match de tennis.
Nous ferons la cuisine chez Sarah.
Il a pris un bain de soleil.
Dans un accident, Manon s'est blessée.

AUFGABE 11 **Bilde fünf Sätze im Präsens. Nimm dazu aus jedem Kasten ein Wort.**

vite	les élèves	parler	la grippe
malheureusement	votre fils	apprendre	sa copine
beaucoup	mes parents	aimer	la grammaire
gentiment	ta sœur	saluer	tout le monde
bien	Paul	avoir	l'anglais

1.
2.
3.
4.
5.

AUFGABE 12 **Übersetze die folgenden Sätze und schreibe sie in dein Übungsheft. Achte auf die Stellung und die Form des Adverbs!**

Deine Tochter spricht besser Deutsch als Lucas.
Mein Bruder fährt vorsichtig *(prudent)*, aber manchmal reagiert er zu langsam.
Das riecht nicht schlecht!
Diese Schauspielerin zieht sich immer elegant an.
Paul singt richtig, aber seine Schwester singt falsch.
Die Kinder haben ruhig geschlafen, weil wir leise geredet haben.
Wir haben den Geburtstag meines Bruders zu fröhlich gefeiert.

7 Satzarten

7.1 Fragesätze

Im Französischen hat man viele Möglichkeiten, Fragesätze zu bilden. Wichtig ist dabei die Unterscheidung, ob die Frage mit einem Fragewort eingeleitet wird **(Ergänzungsfrage)** oder ob die Antwort Ja oder Nein erwartetet wird **(Entscheidungsfrage).**	*Ergänzungsfrage:* Tu habites **où**? **D'où** est-ce que tu viens? *Entscheidungsfrage:* Ils ont regardé par la fenêtre? Est-ce que vous allez travailler demain?
Merke: Wichtige Fragewörter: ***qui?*** (wer?, wen?), ***à qui?*** (wem?), ***avec qui?*** (mit wem?) etc., ***que?*** (was?), ***de quoi?*** (wovon?), ***à quoi?*** (woran?), ***pourquoi?*** (warum?), ***où?*** (wo?, wohin?), ***d'où?*** (woher?), ***comment?*** (wie?), ***quand?*** (wann?), ***quel*** + Substantiv? (welcher?), ***lequel?*** (welcher?), ***combien de*** + Substantiv? (wie viel(e)?)	 **Qui** arrive? Tu donnes le livre **à qui**? **Que** fait Luc? **De quoi** parles-tu? – **À quoi** pensez-vous? **Pourquoi** est-ce qu'elle dit cela? Vous habitez **où**? – Vous êtes **d'où**? **Comment** allez-vous? **Quand** est-ce qu'il part? **Quelle** heure est-il? **Laquelle** est-ce que tu prends? **Combien de** tomates prends-tu?
Grundsätzlich unterscheidet man ■ die **Intonationsfrage,** ■ die Frage mit ***est-ce que,*** ■ die **Inversionsfrage,** ■ die **absolute Frage.**	 Vous sortez? – Tu pars avec qui? **Est-ce que** vous sortez? – Quand **est-ce que** tu sors? Sortez-vous? – Avec qui sors-tu? Sabine écrit-elle une lettre? – À qui Sabine écrit-elle la lettre?
Eine **Intonationsfrage** kann man aus jedem Aussagesatz machen. Beim Sprechen hebt man am Satzende die Stimme an, in der geschriebenen Sprache setzt man ein Fragezeichen. Das Fragewort wird an das Satzende gestellt. *Merke:* Die **Intonationsfrage** wird vorwiegend in der **Umgangssprache** verwendet, in der geschriebenen Sprache nur zur Wiedergabe von Dialogen.	Tu as bien dormi. – Tu as bien dormi**?** Tu arrives **quand?** – Elle vient **d'où?** Le marchand demande: «C'est à qui?» – Mme Arnaud répond: «C'est à moi.»

Die Frageformel ***est-ce que*** ist das gesprochene Fragezeichen.
Die Wortstellung ist die gleiche wie im Aussagesatz: Subjekt – Verb – Objekt.

		Il lit un livre.
	Est-ce qu'	il lit un livre?
Quand	**est-ce qu'**	il lit un livre?

Fragewort + est-ce que + Aussagesatz?

Merke: Ist das Fragewort das Subjekt des Satzes, so fehlt ***est-ce que.***

Qui a ouvert la porte? – **Quelle fille** a eu une bonne note? – **Combien de personnes** vont dîner chez toi?

Mit ***qui est-ce qui*** (Subjekt) und ***qui est-ce que*** (direktes Objekt) fragt man nach Personen, mit ***qu'est-ce qui*** (Subjekt) und ***qu'est-ce que*** (Objekt) fragt man nach Dingen.

Qui est-ce qui a fait ce gâteau?
Qui est-ce qu'il a vu?
Qu'est-ce qui ne marche pas?
Qu'est-ce qu'elle t'a donné?

Bei der **Inversionsfrage** werden **Subjekt und Verb** umgestellt. Das Fragewort, falls vorhanden, steht am Satzanfang:
S – V – O → **(Fragewort) V – S – O?**

Elle écrit un e-mail à Martine.

Écrit-elle un e-mail à Martine?

Achtung: Verb und Subjekt werden mit einem **Bindestrich** verbunden.

À qui **écrit-elle** un e-mail?

Die **Inversionsfrage** wird vor allem in der **geschriebenen Sprache** (gehobener Sprachstil) verwendet. Sie ist nur möglich, wenn das **Subjekt ein Pronomen** ist.

As-tu frappé à la porte?
Est-ce un chien?

Bei *je* verwendet man keine Inversionsfrage, nur bei ***puis-je.***

Est-ce que je peux vous aider? →
Puis-je vous aider?

Die Inversionsfrage kann auch bei einer **kurzen Frage ohne Objekt** verwendet werden, wenn das Subjekt ein **Substantiv** ist.

Que font les amis? – Où sont mes parents? – Que fait Nicole?

Merke: Endet die Verbform auf *-e* oder *-a,* fügt man vor der 3. Person Singular zur leichteren Aussprache ein **-t-** ein.

Va-**t**-on à la maison?
Regarde-**t**-il une BD?
A-**t**-elle vu mes clés?

Bei der **absoluten Frage** ist das **Subjekt** ein **Substantiv,** das durch ein **Personalpronomen** wieder aufgenommen wird. Wird ein Fragewort verwendet, so steht es am Satzanfang:
Fragewort – Subjekt – Verb – Pronomen?

Luc envoie une lettre à Yasmina.
(S V dir. O indir. O)

Luc envoie-t-il une lettre à Yasmina?
(S V S dir. O indir. O)

D'où **Lisa est-elle** venue?
À quoi **tes amis pensent-ils**?
À qui **ta mère donne-t-elle** les tartes?

Bei Verneinung steht auch das Personalpronomen innerhalb der Verneinungsklammer.

Pourquoi **ta correspondante n'a-t-elle pas** répondu à tes lettres?

Beachte: Die **absolute Frage** wird nur in der gehobenen **Schriftsprache** verwendet.

ÜBUNG 1 Höre dir Track 13 auf der CD mehrmals an. Ordne die Fragesätze richtig zu.

13

est-ce que-Frage:

Intonationsfrage:

Inversionsfrage:

absolute Frage:

ÜBUNG 2 Frage nach den hervorgehobenen Wörtern und verwende dabei die Frage mit *est-ce que*. Schreibe in dein Übungsheft.

1. Elle ne vient pas parce qu'elle est malade.
2. Hier, nous sommes allés à la piscine.
3. Ce matin, il a rencontré Claudine et Fabien.
4. Maman a dit que Stéphanie m'attend devant le cinéma.
5. Sabine achète cinq jupes.

ÜBUNG 3 Nicole telefoniert mit Simone. Leider ist die Verbindung sehr schlecht und Nicole muss immer wieder nachfragen. Frage nach den fehlenden Satzteilen mit der Intonationsfrage und mit der *est-ce que*-Frage. Schreibe in dein Übungsheft.

ÜBEN

ÜBUNG 4 **Marc ist ziemlich neugierig. Stelle die entsprechenden Fragen zu den folgenden Situationsbeschreibungen. Verwende Inversionsfragen.**

1. Marc möchte wissen, wo Nadine wohnt.
2. Er fragt sie, an was sie denkt.
3. Er will wissen, ob sie einen Bruder hat.
4. Er fragt, wann sie ins Café geht.

ÜBUNG 5 **Frage nach den rot gedruckten Satzteilen mit der absoluten Frage. Schreibe in dein Übungsheft.**

1. Nicole parle toujours de son travail.
2. Christophe part avec ses amis.
3. Mes copains n'ont pas répondu à la lettre parce qu'ils n'avaient pas le temps.
4. Ces dames sont rentrées à la maison à onze heures.
5. Les journalistes intervieweront Gérard Depardieu.

ÜBUNG 6 **Kreuze den richtigen Satz an. Die Buchstaben ergeben ein Lösungswort.**

1. ☐ À qui tu écris la lettre? (D)
   ☐ À qui écris-tu la lettre? (L)
2. ☐ D'où est-ce qu'il vient? (Y)
   ☐ Vient-il d'où? (Ô)
3. ☐ Avec qui Pierre part aujourd'hui? (L)
   ☐ Avec qui Pierre part-il aujourd'hui? (O)
4. ☐ Comment Sabine a-t-elle trouvé son travail? (N)
   ☐ Comment Sabine a trouvé son travail? (E)

Lösungswort:

ÜBUNG 7 **Übersetze die folgenden Sätze und schreibe sie in dein Übungsheft.**

1. Wem erzählt ihr eine Geschichte?
2. Wo arbeitet Lisa?
3. Für wen hast du den Kuchen gemacht?
4. Wann gehen deine Eltern nach Hause?
5. Fängt die Schule um acht Uhr an?
6. Was macht Madeleine?
7. Wohin gehen Paul und Élodie?
8. Wo sind die Bücher?
9. Worüber hat Arthur gesprochen?
10. Bist du zufrieden?
11. Gehst du gerne in die Schule?
12. Was gefällt dir? Was hast du gesagt?

ÜBEN

7.2 Infinitivkonstruktionen

Im Französischen finden sich sehr häufig
- **Infinitive,** die von **Hilfsverben, Modalverben oder anderen Verben** abhängen;
- **Infinitivkonstruktionen,** die einen ganzen **Nebensatz ersetzen** können.

Je **vais partir** demain. – Elle **peut venir.** – Elle **essaie de trouver** une solution.
Il est sorti **sans me regarder.**
Après avoir travaillé, il s'est reposé.

Infinitiv als Ergänzung

Da die Infinitive nach Hilfsverben, Modalverben und anderen Verben unterschiedlich angeschlossen werden und es keine Regel dafür gibt, musst du jedes Verb mit seinem Infinitivanschluss lernen.

Elle **adore nager.** – Il ne **faut** pas toujours **jouer** à l'ordinateur. – Léa **a commencé à parler.** – Nous **sommes en train de manger.** – J'ai **fini par trouver** mon sac à dos. (ich habe schließlich gefunden)

Infinitivanschluss ohne Präposition:

devoir	müssen, sollen	Elle **doit apprendre** l'anglais.
il (me, te etc.) faut	müssen	Il nous **faut travailler** ce soir.
pouvoir	können	Je ne **peux** pas **jouer,** je n'ai pas le temps.
savoir	können (gelernt haben)	Je **sais jouer** au tennis.
vouloir	wollen	Nous **voulons apprendre** l'italien.
aimer	lieben, mögen	Il **aime dessiner.**
adorer	sehr gerne tun	Elle **adore se promener** mais elle **déteste faire** des randonnées.
détester	gar nicht mögen	
préférer	lieber tun	Il **préfère faire** de l'escalade.
oser	wagen	Nous **osons dire** la vérité.
laisser	(zu)lassen	Je ne **laisse** pas **dormir** Nathalie, je la **fais travailler.**
faire	veranlassen	

Infinitivanschluss mit *de:*

avoir besoin de	tun müssen	Tu **as besoin de faire** les courses.
avoir envie de	Lust haben	Elle **a envie de faire** un voyage.
arrêter de	aufhören	Le bébé **arrête de pleurer.**
demander à qn de	jdn. fragen	Il me **demande de l'aider.**
essayer de	versuchen	Tu **vas essayer de faire** un gâteau.
être content de	zufrieden sein	Je **suis contente de** vous **revoir.**
être en train de	gerade dabei sein	Il **est en train de réparer** sa voiture.
finir de	aufhören	Elle **finit de lire** son journal.
interdire à qn de	verbieten	Je vous **interdis de toucher** à tout.
proposer à qn de	vorschlagen	Elle me **propose de** lui **rendre** visite.
venir de	gerade, soeben etw. getan haben	Ils **viennent de rentrer** à la maison.

Infinitivanschluss mit *à*:		
commencer à	beginnen	Je **commence à lire** ce livre.
continuer à	fortfahren	Vous **continuez à courir.**
réussir à	Erfolg haben	Elle **réussit à passer** le bac.
s'habituer à	sich gewöhnen	Tu **t'habitues à parler** l'italien?

Infinitivanschluss mit *par*:		
commencer par faire qc	anfangen, etw. zu tun	Le matin, je **commence par me lever** et
finir par faire qc	schließlich etw. tun	je **finis par prendre** le petit déjeuner.

Infinitiv anstelle eines Nebensatzes

Im Französischen kann in der Regel eine Infinitivkonstruktion einen Nebensatz ersetzen, wenn **Haupt- und Nebensatz das gleiche Subjekt** haben.	Elle est partie **sans rien dire.** – Sie ist weggegangen, ohne etwas zu sagen.
Zwei zeitlich aufeinanderfolgende Handlungen können durch Infinitivkonstruktionen verbunden werden: ■ ***avant de*** **+ Infinitiv** ist **nachzeitig,** ■ ***après + infinitif passé*** *(= avoir / être + participe passé)* ist **vorzeitig** zum Hauptsatz.	Nadine fait un voyage à Paris. Avant, elle fait ses valises. → **Avant de faire** un voyage à Paris, Nadine fait ses valises. Elle est arrivée à Paris, après elle se repose un peu. → **Après être arrivée** à Paris, elle se repose un peu.
Die Konjunktion ***pour*** **+ Infinitiv** drückt eine Absicht oder einen Zweck aus (finaler Sinn).	Elle veut faire un gâteau. Elle achète un kilo de farine. → Elle achète un kilo de farine **pour faire** un gâteau.
Die Konjunktion ***sans*** **+ Infinitiv** gibt an, wie etwas ohne eine Sache geschieht (modaler Sinn).	Il parle **sans réfléchir.** – Er redet ohne nachzudenken.
Wird der Infinitiv **verneint,** dann müssen beide Negationsteile vor dem Infinitiv stehen.	Elle travaille beaucoup **pour ne pas avoir** de mauvaises notes.
Objektpronomen, die sich auf den Infinitiv beziehen, stehen unmittelbar **vor dem Infinitiv** (↑ Kap. 5.1). Die **Negation** steht geschlossen **vor den Objektpronomen.**	Aujourd'hui, je lave ma voiture. **Avant de la laver,** je prépare tout. Le dimanche, je dois faire la cuisine. **Pour ne pas la faire** aujourd'hui, je vais au restaurant.

ÜBUNG 8 **Ordne die Verben und Wendungen nach ihrer Ergänzung.**

essayer - commencer - adorer - proposer - continuer - pouvoir - il faut - avoir envie - réussir - avoir besoin - être en train - s'habituer - oser - finir - laisser - demander - savoir

Präposition ***à:***

Präposition ***de:***

Präposition ***par:***

ohne Präposition:

ÜBUNG 9 **Ergänze, wenn nötig, die Präposition *à* oder *de*.**

Elle a réussi ___ passer l'examen.

Il faut ___ ranger l'appartement.

Il est interdit ___ marcher sur la pelouse.

J'adore ___ passer mes vacances ici.

Elle est en train ___ écrire un e-mail.

Ils ont toujours commencé ___ chanter.

J'essaie ___ monter à cheval.

ÜBUNG 10 **Setze die Präposition *sans* oder *pour* ein.**

1. ___ pouvoir acheter une voiture, il travaille sans arrêt.
2. Elle a de bonnes notes ___ apprendre beaucoup.
3. Je ne veux plus la voir. C'est pourquoi je suis parti ___ lui parler.
4. Il ne va jamais à la cantine de son entreprise ___ faire des économies *(sparen)*.
5. Mon grand-père traverse toujours la rue ___ faire attention aux voitures.

ÜBUNG 11 **Verbinde die Sätze durch eine Infinitivkonstruktion mit *pour* oder *sans*. Gehe wie im Beispiel vor und schreibe die Sätze in dein Übungsheft.**

Beispiel: Il fait la cuisine. Il veut recevoir des amis. → Il fait la cuisine pour recevoir des amis.

1. Il veut gagner beaucoup d'argent. Il cherche un autre travail.
2. Ils quittent la maison. Ils ne prennent pas leurs valises.
3. Sabine quitte la maison très tôt. Elle ne veut pas être en retard.
4. Nous entrons dans le salon. Nous ne dérangeons pas nos parents.
5. Je lis le journal tous les jours. Je dois m'informer.

ÜBUNG 12 **Maries Tag: Bilde Sätze mit *avant de* und mit *après + infinitif passé*.**

1. Avant de prendre le petit déjeuner, Marie prend une douche.
   Après avoir pris une douche, Marie prend le petit déjeuner.

2. Après avoir pris le petit déjeuner, elle ______
   Avant ______

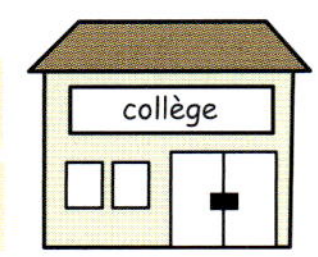

3. Après ______
   Avant ______

4. Après ______
   Avant ______

ÜBUNG 13 **Übersetze die folgenden Sätze und schreibe sie in dein Übungsheft.**

Nathalie geht nach Italien, um besser Italienisch zu lernen.
Nachdem M. Fabre ein Baguette in der Bäckerei gekauft hat, geht er in den Buchladen, um einen Kriminalroman zu suchen.
Bevor wir auf den Champs-Élysées spazieren gehen, steigen wir auf den Eiffelturm.
Im Bad duscht sie zuerst *(commencer + ?)* und zum Schluss *(finir + ?)* putzt sie sich die Zähne.
Luc ist gerade angekommen. Wir sind gerade dabei, ihm ein Essen zuzubereiten.

7.3 Indirekte Rede

Man kann Gesagtes in **direkter** oder auch in **indirekter Rede** wiedergeben.

Il dit: «Je vais aller à Lyon.»
Il dit **qu'il va aller à Lyon.**

Anders als im Deutschen ist im Französischen die **Wortstellung** in der direkten und indirekten Rede gleich:
S – V – O

Beachte: Im Französischen steht nie ein Komma vor der indirekten Rede.

«Je lis un roman.»
Elle dit qu'elle lit un roman.
„Ich lese einen Roman."
Sie sagt, dass sie einen Roman liest.

Folgende Verben z. B. **leiten** häufig eine indirekte Rede **ein:**
ajouter, apprendre (erfahren), *avouer* (zugeben), *demander, dire, écrire, entendre dire* (hören), *être d'avis* (der Meinung sein), *expliquer, imaginer* (sich vorstellen), *montrer, penser, raconter, répéter, répondre, savoir, trouver.*

Nous voulons savoir si Étienne regarde le match de foot avec nous.
Imagine que tu passes tes vacances au bord de la mer.
Je trouve qu'il est un peu bizarre.
Elle écrira quand ils arriveront.
Il demande si elle sort avec lui.
Je raconte que j'ai fait un voyage.

Bei der Umformung der direkten Rede in die **indirekte Rede** verändern sich wie im Deutschen die **Verbformen** sowie die **Pronomen** und **Possessivbegleiter** der 1. und 2. Person:

- **Subjektpronomen:**
  je, te → il, elle *nous, vous → ils, elles*
- **direkte Objektpronomen:**
  me, te → le, les *nous, vous → les*
- **indirekte Objektpronomen:**
  me, te → lui *nous, vous → leur*
- **Possessivbegleiter:**
  mon, ma, mes / ton, ta, tes → son, sa, ses
  notre, nos / votre, vos → leur, leurs

Elle ajoute: «**Je fais** les courses et **tu fais** la cuisine, Luc.»
Elle ajoute qu'**elle fait** les courses et qu'**il fait** la cuisine.

Il avoue: «**Je vous** aiderai toujours.»
Il avoue qu'**il les** aidera toujours.

Marc dit à Lisa: «**Je te** montre **mon** vélo.»
Marc dit qu'**il lui** montre **son** vélo.

Du musst die **Satzart** beachten:

- **Aussagesätze** werden zu **Nebensätzen**, die nach einem Verb z. B. des Sagens oder Denkens mit der **Konjunktion** ***que / qu'*** eingeleitet werden.
- **Entscheidungsfragen** (= Fragen ohne Fragewort) werden mit ***si*** (ob) eingeleitet (nur vor ***il*** wird ***si*** zu ***s'*** apostrophiert); ***est-ce que*** **entfällt** dann.

Ils disent: «Pierre veut dormir.»
Ils disent **que** Pierre veut dormir.
Elle est d'avis **qu'**elle gagnera le match et **qu'**il la félicitera.
Je demande: «Est-ce que tu viendras?»
Je demande **si** elle viendra.
aber: Je demande **s'**il viendra.

■ **Ergänzungsfragen** (= Fragen mit Fragewort) werden mit dem Fragewort, aber **ohne *est-ce que*** eingeleitet.

«Quand est-ce que vous êtes arrivés?»
Nous voulons savoir **quand ils** sont arrivés.

Merke: Steht eine Frage mit ***qu'est-ce qui / qu'est-ce que*** (was), so wird daraus in der indirekten Frage ***ce qui*** (Subjekt) bzw. ***ce que*** (Objekt).

«**Qu'est-ce qui** te plaît?»
Elle demande **ce qui** te plaît.
«**Qu'est-ce que** vous avez vu?»
Il veut savoir **ce que** vous avez vu.

■ **Befehlssätze** werden durch einen Infinitiv mit der **Präposition *de*** eingeleitet.

Elle dit: «**Arrête** de dire des bêtises.»
Elle lui dit **d'arrêter** de dire des bêtises.

Anders als im Deutschen musst du darauf achten, in welchem **Tempus** das **einleitende Verb** steht:

■ Steht das einleitende Verb **nicht in der Vergangenheit** *(présent, futur, conditionnel présent)*, so wird die **Zeit der direkten Rede** beibehalten.

Il demande à Lisa et à Marie:
«Comment est-ce que vous **avez passé** vos vacances?»
Il demande comment elles **ont passé** leurs vacances.

■ Steht das einleitende Verb **in der Vergangenheit** *(imparfait, passé composé, plus-que-parfait, conditionnel passé)*, so gibt es eine **Zeitverschiebung** im Vergleich zur direkten Rede:

direkte Rede		**indirekte Rede**
présent	→	*imparfait*
passé composé	→	*plus-que-parfait*
futur simple	→	*conditionnel présent*
futur antérieur	→	*conditionnel passé*

Folgende Zeitformen bleiben jedoch stets unverändert:

direkte Rede		**indirekte Rede**
imparfait	→	*imparfait*
plus-que-parfait	→	*plus-que-parfait*
conditionnel	→	*conditionnel*

Il a répondu: «Je **pars** tout de suite.»
Il a répondu qu'il **partait** tout de suite.
Elle pensait toujours: «Il n'**a** pas **répondu** à ma lettre.»
Elle pensait toujours qu'il n'**avait** pas **répondu** à sa lettre.
J'avais expliqué: «Je **resterai** dehors.»
J'avais expliqué que je **resterais** dehors.
Elle aurait dit: «Quand j'**aurai fini** le travail, je me **reposerai.**»
Elle aurait dit que, quand elle **aurait fini** le travail, elle se **reposerait.**
Elle a répondu: «Je **disais** toujours la vérité.»
Elle a répondu qu'elle **disait** toujours la vérité.
Il a raconté: «J'**avais passé** mes vacances à Berlin.»
Il a raconté qu'il **avait passé** ses vacances à Berlin.
Léa ajoutait: «À ta place, je **ferais** mes devoirs et j'**aurais appris.**»
Elle ajoutait qu'elle **ferait** ses devoirs et qu'elle **aurait appris** à ma place.

ÜBUNG 14 **Überlege, mit welchem Wort die Nebensätze bei der Umformung in die indirekte Rede jeweils angeschlossen würden.**

1. «Vous viendrez demain?» si
2. «Quand est-ce que tu arrives?»
3. «Qu'est-ce qui te plaît?»
4. «Pourquoi est-ce que tu pleures?»
5. «Qui a apporté ce cadeau?»
6. «Arrêtez.»
7. «Il y a encore du pain?»
8. «J'ai regardé la télé.»
9. «Réponds à ma question.»
10. «Est-ce que tu as travaillé?»

ÜBUNG 15 **Forme um in indirekte Rede: Unterstreiche zuerst alle Wörter, die sich dabei verändern. Schreibe dann die indirekte Rede mit der Redeeinleitung im Präsens in dein Übungsheft. Setze dann das einleitende Verb ins *passé composé* und passe die Zeiten in den Nebensätzen den Regeln an.**

Elle répond: «J'ai rangé ma chambre.»
Il demande: «Tu viens, Luc?»
Lisa demande: «Qu'est-ce qu'il en pense?»
Il nous dit: «Prenez vos livres.»
Marc raconte: «Nous partirons plus tôt.»
Je lui dis: «Dis-moi la vérité.»
Elles ajoutent: «Ta maison nous plaît.»
Elle demande à Elsa: «Tu habites où?»

ÜBUNG 16 **Die Klasse 9 b hat ihre französischen Brieffreunde in Paris besucht. Yvonne erzählt von der Hinreise. Bilde Sätze nach dem Muster: *Marie a dit qu'elle avait oublié sa brosse à dents.* Schreibe in dein Übungsheft.**

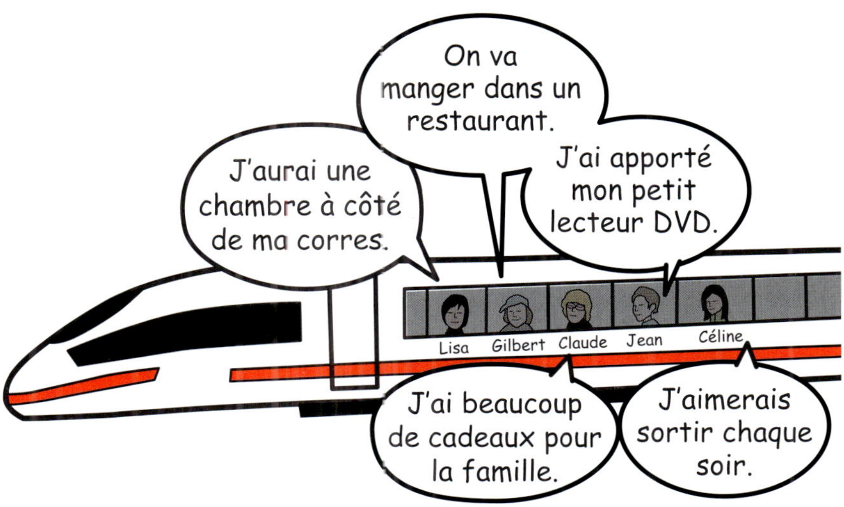

ÜBUNG 17 **Tante Claire hört sehr schlecht. Bei ihrem letzten Besuch musste Sarah all ihre Fragen wiederholen. Schreibe in dein Übungsheft, was sie sagt. Beginne mit:** ***Je t'ai demandé / dit ...***

1. Sarah: «Qu'est-ce que vous avez visité à Tournon?» –
   Tante Claire: «Comment?»
2. Sarah: «Pourquoi est-ce que tu ne me téléphones jamais?» –
   Tante Claire: «Comment?»
3. Sarah: «Il faisait beau?» –
   Tante Claire: «Comment?»
4. Sarah: «Patrick m'a écrit une lettre et je lui rendrai visite dans une semaine.» –
   Tante Claire: «Comment?»

ÜBUNG 18 ***La star de demain.*** **Höre dir das Interview mit der Sängerin Vanessa auf Track 14 mehrmals an. Notiere die fünf Fragen des Reporters in deinem Übungsheft. Wandle sie anschließend in je zwei indirekte Fragen um: Beginne dabei zuerst mit** ***Il demande ...*****, dann mit** ***Il a demandé ...***

14

WISSEN

Orts- und Zeitangaben
Einige Orts- und Zeitangaben werden in der indirekten Rede verändert:

direkte Rede		**indirekte Rede**
aujourd'hui	→	*ce jour-là*
ce soir	→	*ce soir-là*
demain	→	*le lendemain*
hier	→	*la veille*
dans une semaine	→	*une semaine plus tard*
il y a une semaine	→	*une semaine plus tôt*
ici	→	*là-bas*
maintenant	→	*alors*

direkte Rede:	*indirekte Rede:*
Il dit: «**Hier,** je suis allé au supermarché. **Demain,** j'irai au marché.»	Il dit qu'il était allé au supermarché **la veille** et qu'il irait au marché **le lendemain.**

ÜBUNG 19 **Übersetze die folgenden Sätze und schreibe sie in dein Übungsheft.**

Luc hat mir erzählt, dass er an dem Abend lange am Bahnhof gewartet habe.
Sarah wollte wissen, ob wir einen Spaziergang mit ihr machen würden.
Wir haben nicht verstanden, warum sie nicht glücklich ist.
Nicole hatte uns geantwortet, dass sie vor zwei Wochen ihr Auto verkauft habe.

ÜBEN

7.4 *Participe présent* und *gérondif*

Mit dem ***participe présent*** und mit dem ***gérondif*** kann man Sätze verkürzen. Beide Formen sind **zeitlich neutral,** d. h. bei der deutschen Übersetzung ist das **Tempus des Hauptsatzes** entscheidend.

Elle **comprend** bien l'espagnol, **regardant** des films espagnols en version originale. – Sie **versteht** gut Spanisch, da sie spanische Filme in der Originalfassung **anschaut.**
Il **lisait** le journal **en écoutant** de la musique. – Er **las** die Zeitung, während er Musik **hörte.**

Das *participe présent* und das *gérondif* sind **unveränderlich.** Beide Formen werden vom Stamm der 1. Person Plural Präsens (ohne *-ons*) abgeleitet und haben die **Endung *-ant.***

nous regard-ons → regard- *(= Stamm)*
participe présent: **regardant**
gérondif: **en regardant**

Merke: Unregelmäßige Formen:
être → ***étant,*** *avoir* → ***ayant,***
savoir → ***sachant.***

Objektpronomen stehen unmittelbar vor der Form mit *-ant*. Die **Verneinung** umklammert Objektpronomen und Verbform.

En les regardant, j'ai vu leurs couleurs.
N'ayant pas beaucoup d'argent, Pierre n'a pas pu s'acheter le cheval.
En n'y pensant pas, je me sens bien.

Das ***participe présent*** wird nur in der Schriftsprache verwendet. Es ersetzt **Relativsätze** oder **kausale Nebensätze** *(parce que, puisque, comme).*

Das Subjekt des *participe présent* muss nicht mit dem Satzsubjekt übereinstimmen.

Nous cherchons une secrétaire qui parle bien l'italien. → Nous cherchons une secrétaire **parlant** bien l'italien.
Les professeurs sont contents parce que les élèves apprennent bien la grammaire. → Les élèves **apprenant** bien la grammaire, les professeurs sont contents.
Comme elle attend à la gare, elle regarde les trains. → **Attendant** à la gare, elle regarde les trains.

Das ***gérondif*** ersetzt Nebensätze,
- die **gleichzeitig** sind *(pendant que, quand),*
- die eine **Bedingung** ausdrücken (Konditionalsatz mit *si*),
- die eine **Art und Weise** beschreiben (indem; dadurch, dass).
- die einen **Gegensatz** beinhalten (obwohl), oft wird das ***gérondif*** durch ***tout*** verstärkt.

Pendant qu'elle mange, elle parle. → Elle parle **en mangeant.** (während sie isst)
Si tu prends cette route, tu arriveras à l'heure. → **En prenant** cette route, tu arriveras à l'heure.
Elle a souri. Comme ça, elle est arrivée. → Elle est arrivée **en souriant.**
Tout en travaillant beaucoup, il gagne peu d'argent. – Obwohl er viel arbeitet, verdient er wenig Geld.

Achtung: Das **Subjekt** des *gérondif* muss mit dem Satzsubjekt **übereinstimmen!**

ÜBUNG 20 **Bilde das *participe présent* bzw. das *gérondif*.**

Infinitiv	*participe présent*	Infinitiv	*gérondif*
essayer		finir	
ouvrir		dormir	
être		prendre	
perdre		appeler	
avoir		recevoir	
aller		faire	
savoir		vouloir	

ÜBUNG 21 **Verkürze die rot hervorgehobenen Nebensätze durch ein *participe présent*.**

Pauline s'est acheté un ordinateur parce qu'elle avait assez d'argent.

Vous voyez la dame qui est à la boulangerie?

Comme je m'intéresse à la politique, je regarde toujours le journal télévisé.

Tu connais ce monsieur qui traverse la rue?

Comme elle n'a pas de portable, elle n'envoie jamais de SMS.

Je cherche une chambre d'hôtel qui donne sur la mer.

Nous nous sommes dépêchés parce que nous ne voulions pas rater le train.

ÜBEN

ÜBUNG 22 **Ersetze die rot gedruckten Sätze durch ein *gérondif*, wenn möglich.**

1. S'il pleut, je resterai à la maison.

2. Pendant que Paul travaille, il boit du café.

3. Il est très riche mais il n'est pas content.

4. Quand Lisa arrivera, je vous téléphonerai.

ÜBUNG 23 **Übersetze die folgenden Sätze mit *participe présent* oder *gérondif*.**

Ich suche einen Studenten, der Spanisch lernt.

Obwohl wir Hunger hatten, haben wir nichts gegessen.

Da sie wenig Geld hat, fährt sie nicht in Urlaub.

Wenn du mich begleitest, wirst du endlich mein neues Haus sehen.

Pierre träumt immer, wenn er schläft.

Indem sie italienische Bücher liest, verbessert *(perfectionner)* sie ihr Italienisch.

Klassenarbeit 1

45 Minuten

AUFGABE 1 **Bilde fünf Fragen. Schreibe in dein Übungsheft.**

qu'est-ce que pourquoi qui comment quand est-ce que	tu dis trouves-tu vous arrivez Patrick a-t-il répondu est venu	Fabienne à cette lettre

AUFGABE 2 **Finde die Fragen zu den hervorgehobenen Antworten. Verwende sowohl Fragen mit *est-ce que* als auch Inversionsfragen, falls dies möglich ist.**

1.

Nous sommes arrivés à la maison vers huit heures.

2.

Pierre et Nadine ont rangé toute la maison.

3.

J'ai lu un roman très intéressant.

4.

Elle passera une semaine en Afrique.

5.

Elle avait acheté des tomates.

6.

Les Leclerc ont vendu leur maison.

AUFGABE 3 **Forme die folgenden Fragen in absolute Fragen um. Schreibe in dein Übungsheft.**

Où est-ce que son père travaille?
Quand est-ce que ses parents quittent la maison le matin?
Pour qui est-ce que Claudine a réservé la table au restaurant?
Qui est-ce que le journaliste a interviewé?
Pourquoi est-ce que Céline n'a pas répondu à mon e-mail?

AUFGABE 4 **Setze die Aussagesätze in die indirekte Rede und schreibe sie in dein Übungsheft. Beachte die Zeitenfolge! Einmal musst du eine Zeitangabe anpassen.**

1. Les élèves disent: «Nous avons trop de devoirs.»
2. Le prof a annoncé aux élèves: «Vous allez écrire un contrôle.»
3. Marie raconte: «Le prof ne nous a jamais expliqué les problèmes de maths.»
4. Pierre a déclaré: «Demain, nous ferons une excursion à la campagne.»

AUFGABE 5 **Setze die direkte Rede in die indirekte Rede. Achte auf die Zeiten!**

Camille à nous: «Vous me donnerez vos BD?»

Elle nous a demandé ______

Les parents à leurs enfants: «N'oubliez pas de mettre vos casques.»

Ils leur disent ______

Pascal à son frère: «Qu'est-ce que tu as fait?»

Il lui a demandé ______

Maurice à son prof: «Je n'ai pas compris les devoirs de maths.»

Il lui disait ______

Lisa à sa mère: «J'aimerais faire un voyage en Égypte.»

Elle lui a raconté ______

AUFGABE 6 ***Questions pour un champion:*** **Kreuze die richtigen Antworten an. Wandle anschließend die Fragen in indirekte Fragen um. Beginne mit: *Le speaker a demandé ...* Schreibe in dein Übungsheft.**

1. Quand est-ce qu'on a construit la tour Eiffel?

   ☐ 1789 ☐ 1889 ☐ 1630

2. Où est-ce qu'on fabrique le fromage «roquefort»?

   ☐ en Normandie ☐ en Auvergne ☐ en Alsace

3. Quelle ville n'est pas au bord de la mer?

   ☐ Reims ☐ Nice ☐ Marseille

4. Versailles, qu'est-ce que c'est?

   ☐ un musée ☐ un hôtel ☐ un château

5. Qui n'a jamais été président de la République française?

   ☐ Jean Reno ☐ Jacques Chirac ☐ Nicolas Sarkozy

AUFGABE 7 **Setze, wo nötig, die passende Präposition ein: *à, de, pour* oder *sans*.**

Les Durand viennent ___ s'acheter une maison près de Paris. Ils commencent tout de suite ___ préparer le déménagement: M. Durand est en train ___ chercher des cartons, les enfants essaient ___ ranger leurs affaires et Mme Durand est contente ___ pouvoir ___ téléphoner à une entreprise ___ trouver un camion. Elle préfère ___ prendre un camion très grand. Elle réussit ___ en trouver un. «Allez, les enfants! N'oubliez pas ___ remplir tous les cartons. Il faut ___ travailler ___ se reposer. On n'a pas le temps! Bientôt, nous pourrons ___ habiter dans une belle maison avec jardin!

AUFGABE 8 **Verknüpfe die folgenden Sätze mit einer Infinitivkonstruktion und schreibe sie in dein Übungsheft.**

1. Lisa a quitté la maison de ses parents. Elle n'a pas dit au revoir.
2. Étienne travaille toujours beaucoup pour l'école. Il veut passer le bac sans difficultés.
3. Annie veut ouvrir une bouteille de vin. Elle prend un ouvre-bouteille.
4. D'abord, nous sommes allés au Louvre. Après, nous nous sommes promenés aux Tuileries.
5. Patrick a mis ses lunettes de soleil. Puis il est allé à la piscine.

AUFGABE 9 **Verkürze die Sätze mit einem *gérondif* oder einem *participe présent*, falls dies möglich ist. Schreibe die Sätze in dein Übungsheft.**

1. Il n'a pas trouvé de travail. C'est pourquoi il a continué à chercher.
2. Si tu prends la voiture, tu arriveras plus vite à la gare.
3. Si tu veux faire une promenade, j'arrive tout de suite et je t'accompagne.
4. Elle a trouvé un étudiant qui sait travailler avec l'ordinateur.
5. Il est parti et il a ri.

AUFGABE 10 **Übersetze die folgenden Sätze und schreibe sie in dein Übungsheft.**

Sag mir, was du tust und was dir einfällt *(venir à l'esprit)*.
Er wollte wissen, ob sie gerne reise, was ihr gefalle und worüber sie nicht gerne spreche.
Nachdem wir das Theaterstück angesehen hatten, sind wir ins Café gegangen, um ein wenig darüber zu diskutieren.
Obwohl sie viel verdient, geht sie überhaupt nicht gern einkaufen.
Da sie Filme mit Jean Reno mögen, schauen sie seinen neuen Film im Kino an.

Klassenarbeit 2

45 Minuten

AUFGABE 11 **Im Nachbarhaus ist ein Franzose eingezogen. Du möchtest einiges von ihm wissen. Stelle Fragen mit *est-ce que*.**

Du möchtest wissen, ...

wie er heißt.

wo er vorher gewohnt hat.

woher er kommt.

ob er alleine lebt.

AUFGABE 12 **Frage nach den rot hervorgehobenen Satzteilen. Verwende sowohl Fragen mit *est-ce que* als auch Inversionsfragen oder absolute Fragen, falls diese möglich sind. Schreibe in dein Übungsheft.**

1. Elle est en retard parce qu'elle a dormi trop longuement.
2. Ses amis retourneront en Italie l'année prochaine.
3. Magali a bu un grand sirop à la menthe.
4. Frank est arrivé en car.
5. Nadja est tombée dans l'escalier.

AUFGABE 13 **Die Bruels erzählen von ihren Ferien. Setze die Sätze in die indirekte Rede. Achte auf die Zeitenfolge und verwende verschiedene Verben des Sagens. Schreibe in dein Übungsheft und beginne mit: *Les Bruel nous ont raconté ...***

Nous sommes allés en Angleterre.
Nous y retournerons bientôt.
Ce pays nous a beaucoup plu.
Pourrez-vous nous accompagner en été?

AUFGABE 14 **Setze die folgenden Fragen in die indirekte Rede.**

Avez-vous déjà lu ce roman?

Dites-moi

Les Neveu arriveront-ils demain?

Je voudrais savoir

Pourquoi n'est-elle pas venue?

Ils m'ont raconté

AUFGABE 15 **Setze die Präpositionen aus dem Wortspeicher an passender Stelle ein. Tipp: Zwei Lücken bleiben leer, eine Präposition bleibt übrig.**

à - à - après - avant de - de - de - de - pour - sans

Il a appris ______ faire ses devoirs après l'école.

Je te promets ______ rendre visite à Marie.

Elle apprend jour et nuit ______ avoir de bonnes notes.

Ma fille a quitté la maison ______ dire au revoir à ses copains.

Ma mère était en train ______ faire la cuisine quand le téléphone a sonné.

______ avoir pris une douche, elle s'est reposée un peu.

J'adore ______ faire de l'escalade, mais je déteste ______ marcher.

______ faire la peinture de la maison, je prépare tout.

Nous avons commencé ______ parler le chinois.

AUFGABE 16 **Ersetze die rot markierten Teilsätze durch ein *gérondif*, insofern dies möglich ist. Schreibe in dein Übungsheft.**

Pendant que tu dors, tu rêves toujours.
S'il neige, nous ferons du ski.
Elle réussit à tout, mais elle n'est pas du tout heureuse.
Pendant qu'elle est entrée, elle a dit bonjour à chacun de nos amis.

AUFGABE 17 **Ersetze die unterstrichenen Teilsätze durch ein *participe passé*. Schreibe in dein Übungsheft.**

Les lettres qui viennent d'Afrique mettent cinq ou six jours.
Comme elle ne veut pas travailler, elle a perdu son poste.
Un jeune Anglais qui habite à Londres cherche une famille qui vit en France pour un séjour linguistique.

AUFGABE 18 **Übersetze die folgenden Sätze und schreibe sie in dein Übungsheft.**

Wenn du geradeaus fährst, kommst du zum Stadion.
Lisa hat erzählt, dass sie gerne nach Marseille gehen würde.
Warum haben die Durands nicht auf unsere E-Mails geantwortet?
Bevor ich anfange zu arbeiten, räume ich alles auf.

Das 3-fach-Prinzip für bessere Noten:

Wissen • Üben • Testen

„Einfach klasse in" – die Lernhilfe mit den drei Lernbausteinen und echten Klassenarbeiten für eine gezielte Vorbereitung!

Deutsch

Deutsch 5. Klasse
ISBN 978-3-411-72152-8

Deutsch 6. Klasse
ISBN 978-3-411-72162-7

Deutsch 7. Klasse
ISBN 978-3-411-72252-5

Deutsch 8. Klasse
ISBN 978-3-411-72262-4

Deutsch 9. Klasse
ISBN 978-3-411-72412-3

Deutsch 10. Klasse
ISBN 978-3-411-72422-2

Englisch

Englisch 5. Klasse
ISBN 978-3-411-72132-0

Englisch 6. Klasse
ISBN 978-3-411-72142-9

Englisch 7. Klasse
ISBN 978-3-411-72272-3

Englisch 8. Klasse
ISBN 978-3-411-72282-2

Englisch 9. Klasse
ISBN 978-3-411-72592-2

Englisch 10. Klasse
ISBN 978-3-411-72602-8

Mathematik

Mathematik 5. Klasse
ISBN 978-3-411-72172-6

Mathematik 6. Klasse
ISBN 978-3-411-72182-5

Mathematik 7. Klasse
ISBN 978-3-411-72432-1

Mathematik 8. Klasse
ISBN 978-3-411-72442-0

Mathematik 9. Klasse
ISBN 978-3-411-72572-4

Mathematik 10. Klasse
ISBN 978-3-411-72582-3

Jeder Band:

- 128 Seiten (Spanisch 96 S.)
- kartoniert
- mit Umschlagklappen

Französisch

Französisch 1. Lernjahr
ISBN 978-3-411-72742-1

Französisch 2. Lernjahr
ISBN 978-3-411-72752-0

Französisch 3./4. Lernjahr
ISBN 978-3-411-72822-0

Latein

Latein 1. Lernjahr
ISBN 978-3-411-72722-3

Latein 2. Lernjahr
ISBN 978-3-411-72732-2

Latein 3./4. Lernjahr
ISBN 978-3-411-72812-1

Spanisch

Spanisch 1. Lernjahr
ISBN 978-3-411-73821-2

Spanisch 2. Lernjahr
ISBN 978-3-411-73811-3

Stichwortfinder